LAS PIEDRAS EN TU CAMINO TE LLEVAN A TU DESTINO

Libros de Warren W. Wiersbe publicados por Portavoz

Biblia de estudio: Vidas transformadas
(editor general)
Cuando la vida se derrumba
La estrategia de Satanás
Llamados a ser líderes de Dios
Llamados a ser siervos de Dios
Las piedras en tu camino te llevan a tu destino

LAS PIEDRAS EN TU CAMINO TE LLEVAN A TU DESTINO

WARREN W. WIERSBE

EDITORIAL PORTAVOZ

Título del original: *The Bumps Are What You Climb On* © 1980, 2002 por Warren W. Wiersbe y publicado por Baker Books, una división de Baker Publishing Group, Grand Rapids, Michigan, 49516, U.S.A. Todos los derechos reservados. Traducido con permiso.

Edición en castellano: *Las piedras en tu camino te llevan a tu destino* © 2017 por Editorial Portavoz, filial de Kregel, Inc., Grand Rapids, Michigan 49505. Todos los derechos reservados.

Traducción: Daniel Menezo
Diseño de portada: Dogo Creativo

EDITORIAL PORTAVOZ
2450 Oak Industrial Drive NE
Grand Rapids, Michigan 49505 USA
Visítenos en: www.portavoz.com

ISBN 978-0-8254-5731-9 (rústica)
ISBN 978-0-8254-6615-1 (Kindle)
ISBN 978-0-8254-8771-2 (epub)

1 2 3 4 5 edición / año 26 25 24 23 22 21 20 19 18 17

Impreso en los Estados Unidos de América
Printed in the United States of America

En memoria de
Bill y Dottie Kam,
Bill Smith,
Ed y Helen Wiersbe,

y para que sea de estímulo a
Doris Smith,
C. D. y Charlotte Wiersbe,
y Bob Warren.

Contenido

Prefacio

"Sé amable, porque todo el mundo libra una batalla".

Hace muchos años leí este consejo tan práctico en una obra de un piadoso predicador escocés, y me ha ayudado muchísimo en mi ministerio. La verdad es que he añadido algo más a este consejo: "Sé amable *y consolador*, porque todo el mundo libra una batalla".

Hubo un hombre llamado José que empezó a reunirse con los creyentes de la iglesia de Jerusalén, y les resultó tan útil que le pusieron un sobrenombre, Bernabé, "Hijo de consolación" (Hch. 4:36). A mí el Señor nunca me ha cambiado el nombre, pero sí que he procurado tener un ministerio de consolación.

Mientras servía como pastor titular de la Moody Church en Chicago, uno de estos ministerios era el programa de radio *Canciones en la noche*, que se emitía desde el santuario de esa iglesia histórica. Con la ayuda del Señor, cada semana procuraba compartir algún pasaje estimulante de las Escrituras, y este libro contiene una selección de esas meditaciones radiofónicas. Aparte de unas pequeñas modificaciones, estos mensajes están igual que cuando los pronuncié.

Creo que en nuestro mundo actual hay un mayor grado de tensión y de desánimo que cuando se emitieron estas meditaciones, pero las promesas de la Palabra de Dios no han cambiado. "Jesucristo es el mismo ayer, y hoy, y por los siglos" (He. 13:8). Nuestro mundo necesitado padece guerras, hambrunas, enfermedades, disturbios políticos y crisis económicas, y solo Jesucristo puede traer paz y confianza a los corazones preocupados. Confío en que estos mensajes te animen y te ayuden a animar a otros.

Warren W. Wiersbe

1

Las piedras en tu camino
te llevan a tu destino

Un niño conducía a su hermana por un sendero de montaña, y el terreno no era nada fácil. "¡Pero es que esto no es ni siquiera un camino!", se quejaba la niña. "Está lleno de piedras y de baches". Y su hermano le contestó: "Claro, las piedras son las que te ayudan a subir". Esta es una conclusión filosófica interesante. ¿Qué haces con las piedras que encuentras en el camino de la vida?

Hace muchos años que leo biografías, y aún no encuentro a una sola persona de éxito que no tuviera problemas y dificultades en su vida. Cuando miramos a esas personas desde cierta distancia, podemos pensar que su camino siempre fue recto, que la vida les resultaba fácil. Pero cuando nos acercamos un poco más, descubrimos que su ascenso a la cima del monte no fue sencillo. El camino estaba lleno de rocas y de baches, pero esas personas aprovecharon las piedras para seguir subiendo hacia la cumbre.

No hace falta que leamos mucho la Biblia para descubrir la verdad. Está claro que Abraham no se convirtió en un gran hombre de fe de la noche a la mañana. Antes de alcanzar la cima de la montaña, tuvo que pasar por algunas pruebas difíciles en el camino de la vida. En cuanto

Abraham llegó a Canaán, una hambruna se extendió por todo el territorio. ¡Imagínate lo que es padecer hambre en una tierra que Dios te había prometido! Luego Abraham tuvo problemas con su sobrino Lot; después llegó la guerra a aquella zona, y Abraham tuvo que acudir a la lucha. Su esposa le apartó del camino al darle un mal consejo, y el resultado fue el nacimiento de Ismael, un niño que entristeció el corazón de Abraham. Por fin nació Isaac, el hijo prometido, trayendo un gran gozo a Abraham y a Sara. Entonces Dios pidió a Abraham que pusiera a Isaac sobre el altar, un sacrificio que resultaría difícil para cualquier padre o madre. Sí, en aquel camino hubo muchas piedras, pero Abraham las aprovechó para seguir ascendiendo.

Si ha habido alguien que haya recorrido un sendero pedregoso, ese fue José. Su padre lo mimó, sus hermanos lo odiaban, lo vendieron como esclavo, fue acusado falsamente, arrojado a la cárcel, olvidado y, aparentemente, abandonado. Pero las piedras del camino le ayudaron a subir más alto, y un día José se convirtió en la segunda persona más poderosa de Egipto. Moisés tuvo una experiencia parecida, y también la tuvieron David, Daniel y Pablo. Eran personas que no se quejaron por el camino que recorrieron; aceptaron las dificultades de la vida y las usaron como escalones para llegar hasta lo alto de la montaña.

No sé cuáles son las dificultades por las que atraviesas en este momento, pero conozco algunos de los sentimientos que tienes, porque yo mismo he avanzado por senderos llenos de piedras. Uno tiene ganas de abandonar, de *tirar la toalla*; no comprendes por qué el camino no se vuelve más llano, por qué Dios no le quita las piedras y endereza el sendero. Pero si Dios hiciera eso, es posible que nunca llegarías a la cumbre, porque las piedras de tu camino te llevan a tu destino.

El Salmo 91 dice: "el que habita al abrigo del Altísimo morará bajo la sombra del Omnipotente". Este es un salmo que da una importancia especial al cuidado que Dios tiene de sus hijos. En este salmo se mencionan once tipos de peligros distintos (guerra, trampas, enfermedad, terror durante la noche, flechas durante el día y otros), pero Dios dice que puede protegernos de todos ellos. Esto no quiere decir que nunca tendremos accidentes o lesiones; lo que significa es que, independientemente de lo que suceda porque Dios así lo quiere, todas las cosas cooperarán para beneficiarnos.

Una de las mayores promesas que encontramos en el Salmo 91 tiene que ver con las piedras del camino. "Pues a sus ángeles mandará acerca de ti, que te guarden en todos tus caminos. En las manos te llevarán, para que tu pie no tropiece en piedra". Dios no promete apartar las piedras del camino, pero sí convertirlas en un medio para que sigas avanzando, impidiendo que sean obstáculos para ti. Nos promete que, por medio de las dificultades de la vida, Él nos ayudará a seguir ascendiendo.

La mayoría de nosotros reacciona de forma predecible a las piedras del camino. Nos quejamos de ellas; les damos patadas, y con ello solo conseguimos hacernos daño. Intentamos recogerlas y librarnos de ellas, pero descubrimos que pesan demasiado para nosotros. No siempre podemos rodearlas, y nos preguntamos si seremos capaces de escalarlas. Hay personas que se detienen y renuncian a seguir adelante. Otras se dan por vencidas y vuelven sobre sus pasos. Pero el hijo o la hija de Dios no tiene por qué detenerse ni retroceder; puede usar los lugares pedregosos de la vida como escalones que le permitan subir más alto.

El problema de la mayoría de nosotros es que estamos acostumbrados a las carreteras asfaltadas y a las aceras llanas. Pero la vida no es así. A veces el camino es llano y fácil, los pájaros cantan y nuestro progreso es maravilloso. Pero otras veces el camino es rocoso, lleno de baches, no escuchamos ninguna música ni sentimos una mano que nos ayude. Entonces, ¿qué hacemos? ¿Nos lamentamos?

¿Abandonamos? No, ese es el momento de recordar la promesa de Dios: "Pues a sus ángeles mandará acerca de ti, que te guarden en todos tus caminos". El ejército invisible de Dios está a tu servicio, y Dios puede ayudarte a superar las dificultades.

Charlie Brown ("Carlitos"), de la serie cómica *Peanuts*, es uno de mis personajes favoritos. En una de esas tiras se queja porque su equipo pierde todos los partidos. Lucy intenta consolarle diciéndole: "Recuerda, Charlie Brown, que aprendes más de tus derrotas que de tus victorias". Y Charlie Brown responde: "¡Pues eso me convierte en el chico más listo del mundo!".

Si la vida no fuera otra cosa que una serie de derrotas, todos nos desanimaríamos. Dios sabe cómo equilibrar nuestras vidas de tal manera que tengamos sol y lluvia, calma y tormenta, risas y lágrimas. En el camino de la vida hay lugares llanos que nos deleitan y hay lugares complicados que nos desafían. Si nos salimos del camino de la voluntad de Dios y tomamos un desvío, el camino será duro de principio a fin. El desvío siempre es más difícil que el camino principal. Pero incluso en los caminos que ha elegido Dios hay rocas y baches, y tenemos que aprender a aceptarlos y a beneficiarnos de ellos. Las piedras en el camino te llevan a tu destino.

Sin embargo, esto requiere fe. Es mucho más fácil darle una patada a la roca, darse la vuelta y retroceder. El secreto para seguir subiendo consiste en dejar de mirarte a ti mismo y a tus dificultades y, por fe, mirar a Jesucristo. Él sabe en qué punto te encuentras, cómo te sientes y qué puedes hacer. Ponlo todo en sus manos y empieza a caminar por fe. Las propias rocas que bajo la mirada humana parecen barreras, a los ojos de la fe se convierten en bendiciones. Escucha las promesas del Salmo 91:15: "Me invocará, y yo le responderé; con él estaré yo en la angustia; lo libraré y le glorificaré".

Si en este mundo alguien se ha enfrentado a obstáculos en el camino de la vida fue nuestro Señor Jesucristo. Nació en una familia pobre, como miembro de una raza minoritaria y rechazada. Creció en el anonimato de una aldea cuyo nombre solo se mencionaba en son de burla ("¿De Nazaret puede salir algo bueno?"). Reunió a su alrededor a un grupo reducido de hombres comunes y corrientes, y uno de ellos le traicionó y le vendió por el precio de un esclavo. Le llamaron mentiroso, glotón, borracho y aliado del diablo. Los hombres tergiversaron sus palabras y cuestionaron sus motivos, pero aun así Jesucristo siguió haciendo la voluntad de Dios. Al final llegó a la piedra más grande de todas: ser crucificado como un vulgar ladrón. Pero Él siguió escalando ese monte, y Dios le concedió la victoria.

Por eso, el escritor del libro de Hebreos nos exhorta a que miremos a Jesucristo y sigamos confiando. "Puestos los ojos en Jesús, el autor y consumador de la fe, el cual por el gozo puesto delante de él sufrió la cruz, menospreciando el oprobio, y se sentó a la diestra del trono de Dios" (He. 12:2). No tenemos que fijarnos en nosotros mismos, en nuestras circunstancias, nuestros problemas o las piedras del camino, sino en Jesús.

¡Sí, las piedras en el camino te llevan a tu destino!

2

Dios reina

¡Dios está en el trono! El apóstol Juan transmite enérgicamente este mensaje de ánimo en Apocalipsis 19:6: "¡Aleluya, porque el Señor nuestro Dios Todopoderoso reina!".

A veces parece que el trono del universo está vacío. Vemos la violencia y el crimen, pero no siempre vemos la justicia que se supone viene después. Vemos cómo las mentiras prosperan mientras la verdad se desvanece, y nos parece que el mal controla el mundo que hizo Dios. Hay veces que nos preguntamos si realmente vale la pena confiar en Cristo e intentar obedecerle.

El apóstol Juan vivió en un mundo no demasiado distinto del nuestro. Por supuesto, cuando escribió el libro de Apocalipsis, no estaba sentado en un cómodo estudio bíblico ni en una biblioteca universitaria, rodeado de libros y de alumnos que le admiraban. No, cuando Juan escribió Apocalipsis era un prisionero de Roma, exiliado en la isla de Patmos, rodeado por las aguas del mar Egeo y separado de las personas a las que amaba. Imagina, si quieres, a ese anciano que había servido fielmente a Cristo, y que ahora estaba solo en el exilio, padeciendo por su fe. Sin embargo, cuando escribe un libro, no habla de sí mismo ni de sus sufrimientos, sino de Jesucristo y de sus triunfos. No escribe: "¡Ay de mí, que César está en el trono!". ¡Ese no es el lenguaje de la fe! ¡No! Juan escribe: "¡Aleluya, porque el Señor nuestro Dios Todopoderoso reina!".

Puede parecer que el trono del universo está vacío, pero no es así. Dios sigue sentado en su trono. Y es el *Señor* Dios. Cada año, todos los ciudadanos romanos tenían que presentarse ante un altar dedicado a César, arrojar en el mismo una pizca de incienso y decir: "César es el Señor". Juan no lo hizo. Se puso en pie y exclamó osadamente: "¡Jesucristo es el Señor!". Por lo tanto, lo arrestaron y lo mandaron al exilio. Pero Juan no se consideraba un prisionero de César, ¡sino de Jesucristo! Y no padecía, ¡sino que compartía la *gloria* de Cristo! Por muy oscuro que estuviera el día, por muy pesada que fuese la carga, Juan pudo mirar a lo alto y decir: "¡Aleluya, porque el Señor nuestro Dios Todopoderoso reina!".

Dios reina hoy. No ha abandonado su trono ni ha entregado el universo en manos del enemigo. Es cierto que muchas de las cosas que suceden en el mundo son contrarias a su voluntad; pero Dios predomina incluso donde no gobierna, y sus propósitos siempre se cumplirán. Después de todo, es el Señor, el Señor Dios omnipotente, todopoderoso.

Podemos confiar nuestras vidas y a nuestros seres queridos en las manos de esta clase de Dios. Cuando te sientas desanimado, preocupado o asustado, simplemente recuerda que "el Señor nuestro Dios Todopoderoso reina". Este es el secreto de la paz y del gozo en medio de un mundo atribulado. Así es cómo el profeta Isaías encontró fortaleza cuando su mundo se vino abajo. La nación de Judá estaba gobernada por el piadoso rey Uzías, un hombre que hizo maravillas por su pueblo. Pero un día el rey Uzías murió, e Isaías pensó que todo había acabado. Nos habla de esto en el sexto capítulo de su profecía: "En el año que murió el rey Uzías vi yo al Señor sentado sobre un trono alto y sublime, y sus faldas llenaban el templo". ¡Menuda visión debió ser esa! El trono en la tierra estaba vacío, pero en el cielo estaba ocupado. En la Tierra la gente hacía duelo, pero en el cielo los serafines alababan a Dios y decían: "¡Santo, santo, santo, Jehová de los ejércitos; toda la tierra está llena de su gloria!". Esta visión del trono de Dios transformó al joven Isaías; le convirtió en un hombre nuevo. En lugar de sentarse a llorar, Isaías se consagró a Dios, salió al mundo y comenzó a dar testimonio.

El apóstol Pablo tuvo una experiencia parecida, que se encuentra descrita en el capítulo 18 de Hechos. Pablo había acudido a la ciudad de Corinto a predicar y a fundar una iglesia, y el camino fue realmente arduo. Para empezar, Corinto era una ciudad muy malvada, y la oposición del enemigo era aplastante. De hecho, es posible que Pablo tuviera la tentación de dejarlo todo. Pero una noche Jesús vino ante Pablo y le dijo: "No temas… porque yo estoy contigo… porque yo tengo mucho pueblo en esta ciudad". Pablo se quedó en Corinto un año y medio, y levantó una iglesia que daba testimonio. ¿Qué fue lo que hizo la diferencia? Pablo descubrió que Dios seguía sentado en el trono.

Y eso es lo que tú y yo tenemos que descubrir si queremos seguir adelante en este mundo tan difícil. No podemos depender de nuestra propia manera de hacer las cosas, porque somos débiles e ignorantes. Tampoco podemos depender demasiado del gobierno de otros, porque son tan débiles e ignorantes como nosotros. De lo único de lo que podemos depender es del gobierno y el reinado de Jesucristo, nuestro Señor y Salvador. Si Él está en el trono de nuestras vidas, podemos enfrentarnos al mañana con valor y con confianza.

Estuve charlando con una universitaria que estaba muy preocupada por ese problema tan antiguo que es el mal en el mundo. No podía entender por qué un Dios de amor y de poder permitía que tuvieran lugar esas atrocidades y maldades. Por supuesto, le recordé que la humanidad cosecha los resultados de la rebelión contra Dios. A Dios no se le puede culpar por la maldad que hay en el mundo; esta es consecuencia del pecado. Además, Dios ha dado al ser humano el privilegio de poder elegir, y aun así las personas toman las decisiones equivocadas.

Sin embargo, el mayor problema no es la presencia del mal en este mundo, ¡sino la presencia del bien! Desde mi punto de vista, el hecho de que Dios no haya derramado su juicio sobre la humanidad ¡es un problema mayor que las maldades que vemos que unos hombres cometen contra otros! Dios está en su trono, y tiene la capacidad de juzgar a este mundo ahora mismo, pero contiene su ira. Este no es el día del juicio, sino el tiempo de salvación. "El Señor nuestro Dios Todopoderoso reina", pero opta por reinar en gracia, no en ira.

El apóstol Pedro lo explica claramente en el tercer capítulo de su segunda epístola. "El Señor... es paciente para con nosotros, no queriendo que ninguno perezca, sino que todos procedan al arrepentimiento". Por favor, no pienses que por el hecho de que Dios no haya juzgado el pecado del mundo o el tuyo, no lo hará jamás. El día del juicio se acerca, pero ahora mismo Dios se muestra paciente con los pecadores, invitándoles, con su amor y con su gracia, a que confíen en Cristo y sean salvos. En cualquier momento, el tiempo de la gracia concluirá y comenzará el de la ira, y entonces será demasiado tarde. El trono de la gracia se convertirá en un trono de juicio y de justicia, y todos aquellos que nunca confiaron en Cristo se perderán para siempre.

¿Te has humillado ante el trono de Dios y has entregado tu vida a Cristo? Él murió en tu lugar en la cruz. Llevó tus pecados, y quiere perdonarte, salvarte del juicio y darte su vida eterna y abundante. ¿De verdad te alegras de que Cristo reine? ¿Reina sobre tu vida? Si está en el trono de tu corazón, podrás encarar el futuro con esperanza y decir: "¡Aleluya, porque el Señor nuestro Dios Todopoderoso reina!".

3

Tres ideas importantes

Siempre me han interesado las últimas palabras de personajes importantes. Las de Napoleón fueron: "¡Francia, el ejército, el jefe del ejército!". John Wilkes Booth, quien disparó al presidente Lincoln, dijo dos palabras antes de morir: "Inútil… inútil". El héroe naval lord Nelson dijo: "Gracias a Dios, he cumplido con mi deber". Pero entre las mayores palabras de todas figuran las que escribió el apóstol Pablo desde una cárcel romana: "Porque yo ya estoy para ser sacrificado, y el tiempo de mi partida está cercano. He peleado la buena batalla, he acabado la carrera, he guardado la fe. Por lo demás, me está guardada la corona de justicia, la cual me dará el Señor, juez justo, en aquel día; y no sólo a mí, sino también a todos los que aman su venida" (2 Ti. 4:6-8).

Mientras Pablo esperaba el momento de su ejecución, escribió una carta de despedida a su amado compañero en el servicio, Timoteo. Escribió con confianza, no con temor ni aprensión. Con sus palabras expresa una apacible seguridad. Sabe que se enfrenta a la muerte, pero esto no le asusta. Sabe que su obra está casi acabada, pero eso no le desanima. Sus palabras destilan coraje y tranquilidad y, en esta declaración de fe, Pablo mira en tres direcciones y da testimonio de su confianza en el Señor.

Primero, Pablo *mira alrededor* y da testimonio de que está listo. ¡Qué concepto tan sorprendente de la muerte! No se considera un reo a punto de ser ejecutado, sino un sacrificio que se ofrecerá para la gloria de Dios. Nadie le quita la vida; él mismo la ofrece al Señor. Después de todo, Jesús dio su vida por Pablo, y ahora el gran apóstol da su vida por su Salvador.

En esta declaración, Pablo evita usar la palabra *muerte*. No es que ese término le dé miedo o que la experiencia le asuste. Se trata sencillamente de que, para el cristiano, la muerte no existe. La palabra que usa Pablo es *partida*, ¡y qué término más hermoso es este en griego!

Uno de los significados que tiene es el acto de desmontar la tienda de campaña y partir, lo mismo que hacía un soldado cuando el ejército levantaba un campamento. Pablo se consideraba un soldado de Dios, viviendo en una tienda: su cuerpo mortal. Sabía que la muerte no consistía en otra cosa que en desmontar la tienda y trasladarse a un nuevo alojamiento glorioso. Nuestros cuerpos son solo moradas temporales. Cuando el Señor nos llama al hogar, recibimos cuerpos nuevos y maravillosos, casas permanentes de las que disfrutaremos por toda la eternidad.

La palabra *partir* también significa desamarrar un barco para zarpar. Esto es lo que pasa cuando muere un cristiano: suelta las amarras de esta vida y de este mundo, zarpando hacia el cielo y la orilla eterna. Tennyson empleó esta idea en su famoso poema *Cruzando la barrera*. Pablo sabía que su muerte no era más que una liberación. La cárcel no era su hogar definitivo. Pronto su pequeña barca soltaría amarras y llegaría a la playa celestial para reunirse con el Señor Jesucristo.

¿Puedes mirar alrededor con confianza, como lo hizo Pablo, y saber que estás dispuesto a ser ofrecido? Si has confiado en Cristo como tu Salvador, ya estás listo, y no tienes nada que temer.

Cuando Pablo llegó al final de su vida, no solo miró *alre-dedor*; también miró *atrás*. "He peleado la buena batalla, he acabado la carrera, he guardado la fe". Como confiaba en Jesucristo, Pablo podía mirar a su alrededor sin temor, y podía mirar atrás sin remordimientos.

Muchas personas intentan no mirar atrás. Sin duda, hay una forma de mirar atrás que es errónea; está mal echar la vista atrás sobre los pecados, los errores y las derrotas del pasado. Lo único que consigues con eso es tropezar en el presente. Pero sí está bien mirar atrás, ver dónde hemos estado y qué ha hecho el Señor en nosotros y por medio de nosotros.

Cuando Pablo miró atrás, vio que la vida no siempre había sido fácil. Había habido batallas que librar, carreras que correr, un cargo de mayordomo que cumplir. Había luchado con el mundo, la carne y el diablo en una ciudad tras otra, y ahora libraba su última batalla en Roma. Hubo momentos en los que le pareció que iba a fracasar, pero el Señor siempre le ayudó a seguir adelante. Así pudo escribir: "He peleado la buena batalla".

También pudo escribir: "He acabado la carrera". Ese había sido siempre el mayor deseo de Pablo: "con tal que acabe mi carrera con gozo, y el ministerio que recibí del Señor Jesús..." (Hch. 20:24). Cada uno de nosotros tiene una carrera que terminar. Dios tiene un lugar que cada uno de nosotros debe ocupar y una obra que hemos de hacer. Nuestros tiempos están en sus manos. A algunos se les concede menos tiempo para hacer su obra, y a otros, más. Esteban murió siendo joven; a Pablo se le permitió tener una vida más larga. Pero lo que cuenta no es la duración de la vida, sino su profundidad y su fortaleza. Pablo había acabado su carrera. Ahora podría presentarse delante del Señor sabiendo que había acabado su obra.

Había guardado la fe. Incluso en los tiempos de Pablo había cristianos que se habían apartado de la fe. Pablo advirtió a Timoteo: "el Espíritu dice claramente que en los postreros tiempos algunos apostatarán de la fe...". La fe se refiere a "la fe que ha sido una vez dada a los santos", ese conjunto de verdades salvadoras que costaron la vida a Jesucristo y que se recogen en la Palabra de Dios. Como buen administrador, Pablo había protegido la fe en muchas batallas. La había invertido en muchas vidas. Ahora iba a bajarse del escenario.

Es hora de mirar atrás. ¿Has peleado la buena batalla? ¿Eres vencedor o víctima? ¿Sigues luchando en el combate o eres uno de los que cayeron? ¿Has acabado la carrera? ¿Has hecho la voluntad de Dios de todo corazón? ¿Y has guardado la fe? ¿Eres fiel a la enseñanza de la Palabra de Dios? Pablo podía mirar a su alrededor sin temor y mirar atrás sin remordimientos. Confío en que tú y yo podamos hacer lo mismo.

Pablo no solo *miró alrededor* y *miró atrás*, sino que también *miró adelante*. "Por lo demás, me está guardada la corona de justicia, la cual me dará el Señor, juez justo, en aquel día; y no solo a mí, sino también a todos los que aman su venida".

Algunas personas, al acercarse al final de sus vidas, tienen miedo de mirar al futuro. La Biblia nos advierte que "está establecido para los hombres que mueran una sola vez, y después de esto el juicio" (He. 9:27). Pero cuando Pablo miraba adelante, no sentía ningún temor. Sabía lo que iba a pasar: se reuniría con el Señor y recibiría de sus manos la corona que se había ganado.

No hay una paz igual a la que sentimos en nuestros corazones cuando sabemos que nuestro futuro está asegurado. La fe de Pablo no descansaba en la justicia o en la ley romanas, por grandes que estas fuesen. Su fe no reposaba en sus numerosos amigos, ni siquiera en sí mismo. Su fe estaba puesta en el Señor. Miraba atrás sin remordimientos; miraba alrededor sin temor, y miraba al futuro sin sentir dudas ni aprensión alguna, porque confiaba en Jesucristo. Roma le calificaría de criminal, pero en el Libro de la Vida del Cordero aparecería como hijo de Dios. Y oiría decir a su Salvador: "Bien, buen siervo, y fiel...".

Un día tu vida y la mía acabarán. Nadie sabe el día ni la hora, y a algunos puede llegarles antes de lo que esperan. La partida para el hogar puede ser repentina, o quizá tengamos tiempo para contemplar la vida, como lo hizo Pablo en aquella cárcel romana. Confío en que todos nosotros podremos mirar en estas tres direcciones y dar el mismo testimonio resonante que incluye Pablo en la última carta que escribió en su vida. Entrega tu corazón y tu vida a Jesucristo. Sé fiel a Él, sin que importe lo que hagan los hombres. Lo importante no es la alabanza de los hombres, sino la aprobación de Dios.

4

Dios no te abandona

Me gusta empezar cada día aferrándome a alguna promesa de la Palabra de Dios que pueda guiarme y animarme. El mundo cambia, igual que las circunstancias y que nosotros mismos, pero la Palabra de Dios nunca cambia. Quiero compartir contigo una gran promesa. El Salmo 37:25 dice: "Joven fui, y he envejecido, y no he visto justo desamparado, ni su descendencia que mendigue pan". David escribió estas palabras acerca de su propia experiencia de la vida. Cuando se hizo viejo, miró atrás y descubrió con qué fidelidad Dios le había guardado.

A lo mejor a ti y a mí nos gustaría dejar de envejecer, pero en realidad no podemos hacer nada al respecto. Un domingo estaba yo observando a algunos niños que corrían por las escaleras de la iglesia y dije a uno de los padres: "¡Qué lástima que toda esa energía se reparta entre los niños!" ¡Como me gustaría disponer de más energía y más tiempo para poder hacer más cosas! Pero la vida sigue, un día tras otro, y descubrimos que nos hacemos mayores.

Pero envejecer forma parte de la vida. Pablo nos dice que el "hombre exterior se va desgastando, el interior no obstante se renueva de día en día". El cuerpo se hace un día más viejo, pero el espíritu se parece más a Cristo y nos acercamos un día más a la gloria. Cada etapa de la vida tiene sus cargas y sus ventajas. Un niño tiene libertad para jugar, no tiene que soportar ninguna carga, pero al mismo tiempo es inmaduro y en el fondo no sabe en qué consiste la vida. Un adolescente cuenta con algunos privilegios propios de los adultos, pero también tiene que asumir determinadas responsabilidades propias de ellos. Una persona soltera tiene más libertad que una casada, pero a la mayoría de personas le gustaría casarse, a pesar de que el matrimonio conlleva muchas cargas adicionales. Los jóvenes que empiezan su camino encuentran muchos imprevistos en la vida, y las personas maduras a veces se desaniman porque no alcanzan todos sus objetivos.

Entonces llegamos a la ancianidad, cuando nos gustaría hacer muchas más cosas, pero los achaques físicos, o quizá la escasez de recursos económicos, no nos lo permiten. No digo que la vida no sea más que una enorme carga, ¡ni mucho menos! Lo que digo es que la vida sigue adelante, nos hacemos mayores, y que cada fase de la vida tiene sus bendiciones y sus cargas, sus oportunidades y sus obligaciones. Lo que dice David es maravilloso: *Dios está con nosotros durante todo el camino*. Cuando David era joven, Dios estuvo con él y le ayudó a matar al gigante. Cuando David envejeció, Dios seguía a su lado y le ayudó a estabilizar el reino y a preparar la edificación del templo. "Joven fui, y he envejecido, y no he visto justo desamparado, ni su descendencia que mendigue pan". Esta es una promesa alentadora para el creyente en Cristo. Por mucho que tú cambies o que cambie la vida, Dios nunca cambia y jamás incumple sus promesas.

Cuando David llegó a la ancianidad, echó la vista atrás sobre su vida tormentosa y llegó a una conclusión maravillosa: Dios había estado con él durante todo el camino. Dios nunca abandona a los suyos. Esta verdad aparece a menudo en la Biblia. Jesús, antes de regresar al cielo, dijo a sus discípulos: "he aquí yo estoy con vosotros todos los días, hasta el fin del mundo" (Mt. 28:20). Amigo mío, puedes estar seguro de que Dios estará contigo. No te abandonará.

Cuando repasamos la vida de David, nos damos cuenta de que no siempre caminó conforme a la voluntad de Dios. Hubo días en los que estuvo desanimado y tuvo ganas de tirar la toalla. Lee los Salmos y descubrirás que a menudo David estuvo derrotado y vivió bajo la sombra tenebrosa de la duda, pero aun así Dios estuvo con él. Cuando David iba por las cuevas ocultándose del rey Saúl, Dios estuvo con él. Incluso cuando David dudó de que Dios iba a ayudarle, Dios estuvo a su lado. Dios no abandonó a David en aquellas horas de derrota y de desaliento.

Pero ¿qué hay de esas horas de desobediencia? Sí, hubo momentos en la vida de David cuando desobedeció a Dios y pecó. ¿Aprobó Dios ese pecado? ¡Claro que no! ¿Hizo Dios algo en relación con el pecado de David? Sí, lo hizo. David fue castigado por su desobediencia. Pero ¿abandonó Dios a su hijo porque había pecado? ¡No! Hubo momentos en los que David no era aceptable pero aun así fue aceptado. La salvación de David dependía de la gracia de Dios, no de sus propias buenas obras; y Dios fue fiel en mantener su promesa. Dios tuvo que reprender y disciplinar a David, pero nunca le abandonó.

El hecho de que Dios nos castiga cuando nos negamos a confesar nuestros pecados es una prueba de que está *con* nosotros y no *contra* nosotros. Como padres, a menudo tenemos que castigar a nuestros hijos, y lo hacemos porque los amamos. Cuando un niño desobedece, ¡no deja de formar parte de la familia! Es posible que se haya roto su comunión con la familia, pero sigue siendo un hijo. No rechazamos a nuestros hijos cuando desobedecen, y Dios, el Padre celestial, no nos abandona cuando pecamos. Nos advierte, nos convence, nos reprende y, si es necesario, nos castiga, pero siempre con amor; y todo esto es la prueba de que no nos ha abandonado.

Quizá sientes que has desobedecido a Dios y has sido olvidado. Reclama la promesa del Salmo 37:25: "Joven fui, y he envejecido, y no he visto justo desamparado, ni su descendencia que mendigue pan". Si Dios te abandonara por un solo instante morirías, porque "en él vivimos, y nos movemos, y somos". Descansa en su promesa. Dios *no* te ha abandonado, y Dios *nunca* te abandonará.

La promesa del Salmo 37:25 también nos garantiza la *provisión* de Dios; nunca seremos mendigos. David dice: Dios siempre proveerá lo que necesitamos, de modo que no tengamos que recurrir a nadie más aparte de Él.

¿Le interesan a Dios las necesidades cotidianas de tu vida? ¡Pues claro que sí! Jesús nos dijo que Dios tiene en cuenta a los gorriones que caen a tierra, y sin duda Dios nos ve y conoce nuestras necesidades. Durante el ministerio de Jesús en este mundo, esos tres años maravillosos, conoció las necesidades físicas, emocionales y materiales de las personas. Se interesó por los niños; tuvo tiempo para los leprosos y los discapacitados; alimentó a los hambrientos. Por supuesto, su mayor obra fue su muerte en la cruz por los pecados del mundo, porque la mayor necesidad del ser humano es la salvación. Jesucristo no hizo oídos sordos a las súplicas de los ciegos; escuchó el clamor de los abatidos, y satisfizo las necesidades de las personas.

Dios sigue respondiendo a las oraciones. David echó la vista atrás a su vida larga y plena, y llegó a la conclusión de que Dios nunca le había abandonado, y que Dios había provisto para todas sus necesidades… y siempre lo haría. Da lo mismo cuáles sean tus circunstancias actuales; si sabes que Cristo es tu Salvador y vives para Él, puedes estar seguro de que satisfará todas tus necesidades. "Mas buscad primeramente el reino de Dios y su justicia, y todas estas cosas os serán añadidas" (Mt. 6:33).

David tenía razón. A pesar de sus incoherencias y los fracasos de su vida, Dios cuidó de él de una manera maravillosa y llena de gracia. Pon tu vida en manos de Cristo y uno de estos días podrás decir, junto a David: "Joven fui, y he envejecido, y no he visto justo desamparado, ni su descendencia que mendigue pan".

5

Cuidado constante

Un amigo me envió el siguiente poema, sencillo pero alentador.

> Ayer Dios me ayudó,
> y lo mismo hoy hará.
> ¿Cuánto tiempo así obrará?
> ¡Por siempre! ¡Le alabo yo!

Sí, el mismo Dios que nos ayudó ayer y que nos ayuda hoy es el que nos ayudará durante todos nuestros mañanas y durante toda la eternidad. En el Salmo 54:4, David escribió: "He aquí, Dios es el que me ayuda".

Un problema al que nos enfrentamos como seres humanos es que nuestra memoria no funciona bien. Demasiadas veces recordamos lo que se supone que debemos olvidar, ¡y olvidamos lo que debemos recordar! Dios dice: "Nunca más me acordaré de sus pecados y de sus iniquidades". Sin embargo, muchos cristianos pasan por la vida inmovilizados por el recuerdo de pecados que Dios ya ha perdonado. Pablo escribió "olvidando ciertamente lo que queda atrás", pero aun así conozco a muchas personas que siguen encadenadas a los fracasos y los errores de su pasado. Pide a Dios que, por lo que respecta a los pecados pasados que Él ya ha perdonado, enterrado y olvidado, te dé mala memoria.

Pero pide a Dios que te dé buena memoria para recordar la ayuda que Él te ha prestado durante los años de tu vida que ya pasaron. Por el motivo que sea, olvidamos las misericordias y las bendiciones del pasado; y por esa razón en el presente nos desanimamos y tememos el futuro. Dios ha cuidado de ti hasta este momento, *¡y nunca te abandonará!*

El tema central del libro de Deuteronomio es el de recordar el cuidado amoroso de Dios. En este punto, Moisés prepara a la nación de Israel para que entre en la Tierra Prometida. ¿Cómo lo hace? Les recuerda que durante cuarenta años Dios ha cuidado de ellos, y que no dejará de hacerlo una vez hayan cruzado el río. Moisés dijo: "Y te acordarás de todo el camino por donde te ha traído Jehová tu Dios…" (Dt. 8:2). Tuviste hambre y Dios te dio de comer. Tuviste sed, y Dios te dio agua. Fuiste atacado por el enemigo, y Dios te concedió la victoria. Pecaste y Dios te ofreció su perdón. Para Él nunca hubo una situación demasiado difícil.

Un famoso filósofo ha dicho: "Aquellos que no recuerdan el pasado están condenados a repetirlo". Por eso Moisés mandó a los padres israelitas que enseñaran a sus hijos la Palabra de Dios y les recordaran las grandes cosas que Dios había hecho por la nación.

Ayer Dios nos ayudó; de no ser así, no estaríamos aquí. Como el profeta Samuel, podemos levantar un memorial a la fidelidad de Dios. Samuel llamó a aquel memorial "Ebenezer, diciendo: Hasta aquí nos ayudó Jehová". Y, al igual que hizo Abraham, podemos mirar al futuro y saber que Dios seguirá ayudándonos. Abraham llamó a su memorial "Jehová-jireh, Jehová proveerá". De manera que tú y yo no tenemos que preocuparnos por el pasado ni tener miedo al futuro, porque Dios es nuestro ayudador y nunca nos fallará.

El cuidado de Dios por los suyos no es algo que va y viene; es constante. Dios no es como un médico, que viene a visitarnos solo cuando no estamos bien. Dios camina en todo momento con nosotros y nos protege. Cuando pasamos por el fuego, Él está ahí, como lo estuvo con aquellos tres muchachos hebreos en Babilonia. Cuando pasamos por las aguas, Él está ahí, como lo estuvo con los discípulos en aquella tempestad en Galilea. Sí, incluso cuando andemos por el valle de sombra de muerte, ¡Él estará con nosotros! Su promesa dice: "no te dejaré, ni te desampararé", y es una promesa verdadera.

El enemigo quiere que pensemos que a Dios no le interesamos, o que nos ha abandonado. Cuando las cosas se ponen difíciles, el enemigo dice: "Si Dios realmente te amara, esto no habría pasado". ¡Cuántas veces, en medio del sufrimiento o la tristeza, Satanás ha intentado hacernos dudar del amor y de la fidelidad de Dios! De alguna manera, tenemos la idea de que cuando la vida es *fácil*, Dios está con nosotros; pero cuando es *difícil*, Dios nos ha abandonado. Y lo cierto es que sucede justo lo contrario. Con demasiada frecuencia, cuando la vida es fácil olvidamos a Dios y empezamos a depender de nuestra propia sabiduría y de nuestras fuerzas. Precisamente cuando el camino es arduo descubrimos realmente lo cerca que está Dios de sus hijos necesitados.

Se ha dicho, con toda razón, que "cuando estés en las tinieblas no dudes nunca de lo que Dios te ha dicho cuando estabas en la luz". La Biblia deja claro que Dios se ocupa de los suyos. Dios no nos promete un camino fácil, pero sí que nos ayudará y nos llevará hasta el final. Dios no quitará las piedras que hay en el camino, pero ordenará a sus ángeles que se aseguren de que no tropecemos en ellas. Somos hijos de Dios y, nuestro Padre celestial, que nos ama, nunca nos abandonará en manos del enemigo. Incluso cuando nuestra fe vacile, Dios seguirá siendo fiel y su Palabra nunca cambiará.

¿Por qué nos ayuda Dios? ¿Porque lo merecemos? ¡Claro

que no! Si Dios nos diera lo que merecemos, ahora mismo y para siempre estaríamos sumidos en las tinieblas de su juicio. Dios nos ayuda porque nos ama. Igual que un padre terrenal cuida de sus hijos, nuestro Padre celestial cuida de nosotros. Hemos sido salvos por su gracia. Dios ha derramado sobre nosotros las riquezas de su gracia y de su amor. Le pertenecemos, y nunca nos abandonará.

Muchas personas creen que la vida cristiana es algo que empieza con la fe en Cristo pero prosigue sobre la base de nuestros propios esfuerzos. Pero esto no es así. Somos *salvos* por la fe, y *vivimos* por ella. Sin duda, si Cristo pudo hacer lo más difícil que podamos imaginar, que fue salvar nuestras almas de la condenación, también podrá hacer cosas más fáciles, como guardarnos y proveer para nuestras necesidades diarias.

A menudo mi ministerio me lleva a visitar otras ciudades. Una vez subo al avión, me siento en mi puesto y me abrocho el cinturón de seguridad, me relajo y pongo todo el viaje en manos de Dios y de la tripulación. No intento pilotar el avión. Por mucho que me preocupe y me inquiete, no podré modificar ni un solo remache ni un solo tornillo de ese avión. Con la vida pasa lo mismo. Has puesto tu confianza en Cristo como tu Salvador, y le perteneces. Simplemente, reposa en Él. No intentes pilotar el avión; ponlo todo en manos de Cristo y deja que su cuidado amoroso te proteja con su sombra.

Después de todo, Dios no se puede permitir fallarnos. Si nos falla, todo lo que hay en su universo se desmorona. Dios debe ser fiel a sí mismo y a su Palabra. Dios no puede mentir. Sus promesas son firmes y verdaderas. Si Dios en un solo instante dejara de cuidar de uno de sus hijos, *Él* perdería mucho más que *nosotros*. ¡Lo que está en juego es su propio carácter! Ha prometido cuidar de nosotros y, si no cumple esa promesa, es que ha dejado de ser Dios. Puedes estar seguro de que eso no pasará jamás.

Aquellos momentos en que pensamos que Dios nos había fallado resultaron ser momentos en los que Él estaba obrando de una manera maravillosa en nuestro beneficio. Jacob pensó que José estaba muerto, y durante todo ese tiempo su hijo le estaba preparando un hogar en Egipto. "¡Todo está en mi contra!", se lamentaba Jacob, cuando en realidad todas las cosas estaban obrando a su favor.

> Ayer Dios me ayudó,
> y lo mismo hoy hará.
> ¿Cuánto tiempo así obrará?
> ¡Por siempre! ¡Le alabo yo!

6

Dad gracias en todo

La vida tiene cosas que no entendemos, y también tragedias. Pasamos por experiencias que no logramos comprender. De hecho, hay momentos en que resulta muy difícil estar agradecido. Sin embargo, 1 Tesalonicenses 5:18 nos ordena: "Dad gracias en todo, porque ésta es la voluntad de Dios para con vosotros en Cristo Jesús".

En este momento podrías decir: "Pero hay una diferencia entre dar gracias en todo y dar gracias *por* todo". Estoy de acuerdo. Pero el Señor quiere que hagamos ambas cosas. 1 Tesalonicenses 5:18 me ordena que dé gracias en todo, y Efesios 5:20 dice "dando siempre gracias por todo al Dios y Padre...". No puedes evitar la realidad de que Dios espera que estemos agradecidos independientemente de las circunstancias que vengan a nuestra vida.

Es fácil leer estos versículos, pero es difícil obedecerlos. Cuando me esperan para dar una conferencia y cancelan el vuelo debido a las condiciones climáticas, no resulta fácil dar las gracias. Cuando un servidor valioso de la iglesia tiene que trasladarse a otro lugar y no contamos con un sustituto inmediato, es difícil estar agradecido. Cuando un ser querido está enfermo o muere, no es fácil dar las gracias. ¿Es que Dios ordena algo imposible? ¿Se está burlando de nosotros, agravando aún más el sufrimiento? ¿No es bastante malo que padezcamos debido a las circunstancias, sino que además debemos sentirnos culpables por no estar agradecidos de verdad?

Empecemos con un hecho evidente: Dios *nunca* nos manda algo que no pueda capacitarnos para cumplir; de otro modo, se burlaría de nosotros y debilitaría su propia Palabra. Cuando Jesús ministraba en este mundo, sus mandamientos permitieron a las personas hacer lo imposible. Ordenó a un hombre con una mano seca que extendiese la mano, y el hombre lo hizo y fue sanado. Ordenó a un paralítico que se levantara y anduviese, y el hombre lo hizo. Se ha dicho con razón que cuando Dios manda algo, capacita para hacerlo. De modo que si Dios me manda que dé gracias *por* todas las cosas *en* todas las cosas, es que me capacitará para obedecerle, y a consecuencia de ello seré una persona mejor.

¿Como nos capacita Dios para hacer esto? ¿Como es posible que nos despertemos en la unidad de cuidados intensivos de un hospital y aun así demos gracias? ¿Como podemos estar junto a una tumba abierta y dar gracias sin ser hipócritas? La respuesta se encuentra en esas tres grandes virtudes cristianas: la fe, la esperanza y el amor. Cuando la fe, la esperanza y el amor son poderes vitales en nuestra vida, entonces, sean cuales fueren las dificultades que vengan, podremos dar gracias a nuestro Padre celestial y dar la gloria a su nombre.

Si amas a alguien, no le tendrás miedo. El apóstol Juan escribe que "el perfecto amor echa fuera el temor" (1 Jn. 4:18), y es cierto. No puedo imaginar a un niño que ame a su padre o a su madre y que, al mismo tiempo, le tenga un miedo insuperable, a menos, claro está, que el niño padezca cierto tipo de inestabilidad emocional. Por eso la fe y el amor van de la mano: cuando amas a alguien, confías en él o en ella; no le tienes miedo.

Esta relación es aplicable al cristiano y al Señor. Si amamos a nuestro Padre celestial, no temeremos lo que Él permita que venga a nuestras vidas. Si nos ama, no nos hará daño. Es posible que permita que padezcamos y estemos tristes, pero nunca permitirá que su hijo o hija se vea perjudicado por las pruebas de la vida. Dios permitió a Job atravesar todo tipo de pruebas, pero al final estas acabaron beneficiando a Job y dando la gloria a Dios. Job padeció, pero su sufrimiento llevó a la gloria. José lloró, pero sus lágrimas se convirtieron en gozo. Puedes estar seguro de que tu Padre celestial te ama, y por consiguiente puedes confiar en Él.

Ahora apliquemos esta verdad a algunas de las dificultades cotidianas de la vida. Imaginemos que nos asalta alguna dificultad, quizá algo que parece una tragedia. Nuestra primera reacción es preguntar: "¿Por qué ha pasado esto?". Seguramente, nuestra segunda reacción es preguntar: "¿Por qué *me* ha pasado esto?". Después de todo, si camino con el Señor, le obedezco y le sirvo, ¿por qué tiene que venir esta prueba a mi vida? En este punto, si no tenemos cuidado, el diablo entrará en escena y comenzará a empeorar las cosas. Él es el acusador de los hermanos, y es muy hábil para hacernos dudar del amor de Dios y de su cuidado. Dirá: "Si Dios te ama tanto, ¿por qué ha pasado esto? Yo pensaba que Dios había prometido cuidar de sus hijos. Está claro que no está cuidando de ti".

En esta fase de tu experiencia, aférrate a la verdad de que Dios te ama, y no permitas que nadie te la arrebate. Las circunstancias pueden atacarte; Satanás puede acusarte; puede que hasta tus amigos cristianos te abandonen, pero Dios te ama tanto como lo hizo cuando entregó a Jesús para morir por ti en la cruz. Tus circunstancias han cambiado, y tus sentimientos también, pero el amor de Dios es el mismo.

Cuando experimentes el amor de Dios en tu corazón, tu fe se hará más fuerte, y podrás dar gracias. Sin duda, dar gracias cuando todo se viene abajo es un verdadero acto de fe, pero los cristianos "por fe andamos, no por vista". Nos decimos: "Mi Padre me ama y conoce a fondo esta dificultad. Como me ama, puedo confiar en Él. Tiene reservado un propósito maravilloso, que ahora mismo soy incapaz de ver. Aunque me arrebate la vida, confiaré en él". Cuando tú y yo manifestamos una fe y un amor así, el Padre llenará nuestros corazones de su bendición, y podremos dar gracias. Esto es un milagro de la gracia de Dios, y sucede de verdad.

El amor aumenta nuestra fe, y cuando tengamos fe y amor, tendremos esperanza. Permíteme que ilustre esta idea con una imagen de un niño y sus padres. Los padres llevan al niño al médico para que le haga un examen rutinario, y el médico descubre que es necesario operar al niño. Por supuesto, el niño se preocupa; está seguro de que si sus padres lo aman de verdad, no accederán a la intervención. Pero los padres saben lo que es mejor para su hijo, y el niño sabe que puede confiar en sus padres, aunque no esté de acuerdo con lo que está pasando. El padre le dice a su hijo: "Mira, después de la operación pasarás unos días en el hospital; mamá y yo vendremos a verte y haremos algunas cosas divertidas juntos. Y luego, cuando te manden a casa, prepararemos algunas sorpresas". Como el niño ama a sus padres y confía en ellos, tiene algo que le permite mirar al futuro: esperanza.

Cuando tú y yo pasamos por las dificultades de la vida, nuestro Padre celestial nos dice: "Tú no entiendes todo esto, pero yo sí, y sé que es para tu bien. Confía en mí y no dudes de mi amor. Tengo cosas maravillosas reservadas para ti, no solo en esta vida, sino también en la próxima allá en la gloria, de modo que no te desanimes". La fe y el amor se combinan para producir esperanza, ¡y cuando tenemos fe, esperanza y amor, no nos cuesta estar agradecidos!

"Dad gracias en todo…". Por nuestras propias fuerzas

no podemos obedecer este mandamiento; necesitamos el poder del Espíritu de Dios y el estímulo de su Palabra. Contemplamos la situación con los ojos llenos de lágrimas y nos preguntamos qué ha planeado Dios, pero sabemos que su amor nunca nos fallará. Como le amamos y Él nos ama, confiamos en Él, y a medida que se fortalece nuestra esperanza podemos alabar al Señor y darle gracias, *en* todas las cosas y *por* todas ellas.

7

Cómo vencer la depresión

En los Salmos 42 y 43 leemos que el salmista pregunta en tres ocasiones: "¿Por qué te abates, oh alma mía, y por qué te turbas dentro de mí?". Su mundo se había venido abajo, y se preguntaba dónde estaba Dios. Se preguntaba si alguna vez saldría del oscuro pozo de la depresión.

La depresión es un problema grave en el mundo moderno. Cuesta a los empresarios millones de dólares porque sus empleados no acuden al trabajo o, si lo hacen, no son productivos. A muchas familias les cuesta la felicidad, y en demasiados casos la depresión cuesta vidas. Muchas personas se suicidan cuando caen en una depresión, cuando la vida les arrebata toda esperanza y motivo para vivir. La depresión es algo grave, y debemos saber cómo gestionarla.

Es cierto que a veces la depresión tiene un *origen físico*. Recordarás lo desanimado que se sentía el profeta Elías después de su lucha en el monte Carmelo. Lo que le hacía falta era dormir, comer bien y una nueva visión de la grandeza de Dios. El Señor cuidó con ternura de Elías, le ayudó a descansar y a recobrar fuerzas, y luego volvió a darle una misión para el servicio. Muchos de nosotros hemos tenido días de desánimo y de desespero porque habíamos trabajado demasiado, ¡incluso en el servicio del Señor! No es de extrañar que Jesús mandara a sus discípulos apartarse y descansar un tiempo. Si no tenemos cuidado, los malos hábitos de salud pueden llevarnos a una depresión.

Otras veces la depresión es el resultado de un *ataque satánico*. Él es el acusador y el destructor. Sabe cuándo atacarnos y qué armas usar. Le gusta recordarnos nuestros fracasos y nuestros pecados pasados. Intenta que nos miremos tanto a nosotros mismos que olvidemos mirar a Cristo; y el resultado es casi siempre un sentimiento de culpa, fracaso y desespero.

Algunas depresiones tienen una *causa psicológica*. Yo no soy psicólogo, y por tanto no puedo explicarlo en términos médicos; pero según parece hay individuos que tienen una personalidad que por naturaleza es melancólica y pesimista. En lugar de intentar cambiarla, ceden ante ella, y poco a poco desarrollan un patrón de derrota y de depresión. Lo que necesitan es un consejero cristiano preparado, que sepa cómo ayudarles con los puntos débiles de su personalidad.

No pretendo ser médico ni psicólogo; soy simplemente pastor. Quiero compartir contigo algunos datos sobre la depresión que te ayudarán cuando te encuentres en lo que John Bunyan llamó "la ciénaga del abatimiento". Deseo abordar estas cosas desde el punto de vista espiritual, porque la única solución duradera proviene del Señor.

Normalmente, la depresión sigue un patrón definido. Empieza con la *autoprotección*. Te sientes profundamente herido de alguna manera. Quizá alguien te ha fallado, o tenías algún plan que ha fracasado, o a lo mejor te has fallado a ti mismo. Sea como fuere, recibes una herida que amenaza con arrebatarte tu paz y tu capacidad de disfrutar de la vida. Lo mejor que puedes hacer es enfrentarte sinceramente a esa herida y tratarla: orar por ella, ponerla en manos del Señor y aplicar la medicina de su Palabra. Pero en ocasiones el sufrimiento es tan intenso que nos parece que no tenemos la fortaleza necesaria para soportarlo; ahí es donde entra en juego la autoprotección. Como has sido herido, te encierras en ti mismo y te apartas de las realidades de la vida. Te sientes seguro contigo mismo, pero no con los demás.

En cierto sentido, la depresión es para tu corazón lo que es un callo para tu mano: es una forma de protección de emergencia. Ayuda a que esa zona deje de doler. Esto explica por qué la mayoría de personas deprimidas no siente interés por la vida que les rodea: su familia y sus amigos, sus empleos, incluso las cosas que les gusta hacer. Se aíslan porque esto les ayuda a protegerse de que los hieran de nuevo. Esto nos lleva al segundo paso: la autoprotección conduce a la *autocompasión*. Sentimos pena por nosotros mismos, de modo que nos encerramos en nuestro interior y nos apartamos de la vida. Nos envolvemos en nuestros problemas y sufrimientos, olvidando que otras personas también los tienen.

Esto conduce al tercer paso, que es el *autocastigo*. Te *proteges* aislándote; luego te *compadeces* de ti mismo porque te sientes muy solo o sola; luego empiezas a *castigarte* por lo que quiera que pienses que has hecho. Te conviertes en juez y jurado, y te condenas a una vida de sufrimiento autoinfligido para expiar las faltas que imaginas haber cometido. Es aquí cuando Satanás entra en escena, porque es el acusador de los hermanos. Le gusta recordarte tus pecados, tus errores, tus fracasos, incluso los momentos embarazosos. Cada uno de estos recordatorios solo hace que las heridas de tu corazón duelan mucho más, y entonces te encierras en un lugar aún más profundo y te aíslas de la realidad.

Es comprensible que algunas personas intenten dar el siguiente paso, la *autodestrucción*. Satanás es el destructor, y sabe cómo establecerse en tu vida, justo en el punto en que eres más débil. Pero hay una respuesta para este tipo de depresión. No hace falta que te protejas a ti mismo, te compadezcas y te castigues. Jesucristo puede acudir a tu lado, satisfacer la necesidad y ayudarte a derrotar a la depresión.

Cuando te des cuenta de que la depresión te ha atacado, inmediatamente ponte en manos de Jesucristo y cuéntale el dolor que sientes en tu interior. Esto es lo que hizo el salmista en los Salmos 42 y 43. Le dijo al Señor cuánto sufría, lo decepcionado que estaba al ver cómo iban las cosas. Humildemente, expuso sus sentimientos y sus quejas. En lugar de atender a sus heridas, entregó su corazón al mejor médico.

El segundo paso consiste en fijar tu mirada en el Señor apartándola de ti mismo. La autocompasión es una de las actitudes más peligrosas que tú y yo podamos cultivar. Envenena nuestro sistema, de modo que nada parece estar bien; todo lo que dice y hace la gente es desproporcionado. ¡Pide al Señor que te dé fuerzas para combatir la autocompasión! En los Salmos 42 y 43, el salmista escribe: "Mi alma tiene sed de Dios, del Dios vivo… Espera en Dios; pues aún he de alabarle, salvación mía y Dios mío… de día mandará Jehová su misericordia, y de noche su cántico estará conmigo… Envía tu luz y tu verdad; éstas me guiarán…". A pesar de su decepción, el salmista mira a Dios y ve lo que este puede hacer por él. Para ti y para mí, esto significa que hemos de considerar las promesas de la Palabra. "Envía tu luz y tu verdad".

El tercer paso consiste en recordar que Jesucristo murió por todos tus pecados y fracasos, y no tienes que castigarte. Cuando confiesas al Señor tus pecados y fracasos, Él perdona y olvida. Puede que no *sientas* que lo ha hecho, pero aun así lo hace, porque esta es la promesa de su Palabra. Dios ya no trata contigo basándose en la *ley*, sino sobre el fundamento de la *gracia*. "Ahora, pues, ninguna condenación hay para los que están en Cristo Jesús" (Ro. 8:1).

"Nunca más me acordaré de sus pecados y de sus iniquidades" (He. 8:12). ¿Por qué debes castigarte cuando Jesucristo llevó todo el castigo por ti? Tu Padre te ama, te perdona, te ayudará a seguir.

8

¿Huir o cumplir?

Cuando Jesús fue arrestado en el huerto de Getsemaní, Pedro intentó defenderle usando una espada. Jesús reprendió a Pedro y le dijo: "¿Acaso piensas que no puedo ahora orar a mi Padre, y que él no me daría más de doce legiones de ángeles? ¿Pero cómo entonces se cumplirían las Escrituras, de que es necesario que así se haga?". En esta afirmación, Jesús nos dice que hay dos maneras de enfrentarse a las crisis de la vida: huir o cumplir. ¿Cuál de las dos opciones eliges?

No cabe duda de que todos los ejércitos celestiales se hubieran alegrado de acudir deprisa a Getsemaní para librar al Hijo de Dios de manos de hombres pecadores. Lo único que tenía que hacer Jesús era pedirlo. Si Pedro hubiera estado al mando, ¡habría convocado al máximo arcángel para destruir Jerusalén! Pero Jesús no hizo esto. Podría haber huido, pero esa no era la voluntad de Dios. En lugar de enfrentarse a la crisis con la filosofía de la huida, Jesús decidió quedarse y cumplir su misión.

En esta vida no podemos evitar las crisis. A medida que envejecemos, la vida se vuelve más difícil. De entrada, descubrimos que nuestras decisiones afectan a muchas otras personas. También descubrimos que el tiempo se acaba;

no podemos permitirnos cometer demasiados errores. De manera que las crisis nos abordan, pero ¿cómo las recibimos? ¿Qué actitud adoptamos cuando los cimientos tiemblan y los muros se vienen abajo a nuestro alrededor?

Muchas personas adoptan la misma actitud que Pedro en el huerto: la huida. Pedro sacó la espada y quiso defender a Jesús. Fue un gesto noble, pero Pedro se equivocó. Para empezar, Jesús no necesita espadas que le defiendan. De haber querido defenderse, podría haber convocado a legiones de ángeles. Pero el gran error que cometió Pedro fue este: ¡quiso evitar que Jesús cumpliera el propósito para el que vino al mundo! El acto de Pedro era todo celo sin conocimiento. En lugar de aceptar, quiso defender.

Antes de criticar a Pedro, echemos un vistazo a nuestras propias vidas. ¿Cuántas veces hemos intentado huir cuando deberíamos habernos sometido a la voluntad de Dios? ¿Acaso no tenemos todos cicatrices de batallas que nunca debimos librar? Por supuesto que sí. Intentar huir de una crisis es natural, pero no quiere decir que sea correcto. Después de todo, como cristianos vivimos en un plano muy superior, caminando por fe, no por vista.

Toda vida tiene sus "experiencias Getsemaní". Son esas horas en las que las fuerzas del mal parecen caer sobre nosotros y hacernos prisioneros. Todos nuestros planes se tuercen. Las cargas se vuelven casi insoportables. Nos preguntamos qué pasará a continuación. En esas horas de crisis de nuestra vida debemos tener en mente lo que hizo Jesús: se sometió y permitió que su Padre celestial cumpliera sus planes. Jesús no optó por huir, sino por cumplir.

A estas alturas quizá digas: "Todo lo que me has dicho es cierto. Pero la vida de Jesús es distinta a las nuestras. Él vino a cumplir un propósito concreto, de modo que es natural que se sometiera a la voluntad del Padre. ¿Esto es aplicable a nosotros?". Sí, este principio del cumplimiento se aplica a ti y a mí. Dios tiene un plan específico para nuestras vidas. Pablo lo expresa de esta manera en Efesios 2:10: "Porque somos hechura suya, creados en Cristo Jesús para buenas obras, las cuales Dios preparó de antemano para que anduviésemos en ellas". Si te has entregado a Cristo, tu vida no está formada por una serie de accidentes, sino por una serie de propósitos.

Es importantísimo que Dios tenga un plan para ti. Si Dios no tiene un plan, la vida no tiene sentido. El sufrimiento es en vano; el sacrificio no tiene sentido. Si nuestra vida no tiene un sentido, no hay ninguna misión que cumplir, y lo más lógico es que procuremos huir. Pero sí que hay un diseño celestial. La voluntad de Dios para ti es la expresión de su amor por tu persona. Esto explica la promesa maravillosa de Romanos 8:28: "Y sabemos que a los que aman a Dios, todas las cosas les ayudan a bien, esto es, a los que conforme a su propósito son llamados".

No huir, sino cumplir; esta es la lección que nos enseña Jesús en el huerto de Getsemaní. Podría haber reunido a las huestes celestiales para librarle, pero en lugar de eso se entregó para que se cumplieran los propósitos de Dios. Y cuando se sometió, sabía que eso significaba vergüenza, sufrimiento y muerte. Al entregarse en manos de hombres pecadores ¡estaba pidiendo sufrir! Pero era la voluntad de Dios, y eso era lo único importante. ¿Y cuál fue el resultado? ¡La resurrección y la gloria! La cruz no fue el final; lo fue la tumba vacía. ¡Jesús cumplió la voluntad de Dios y entró en la gloria!

Nunca debemos confundir el proceso con el resultado. Cuando no huyes, sino que te quedas para enfrentarte a la crisis siguiendo la voluntad de Dios, hay sufrimiento; pero esto es solo el proceso. Dios no va a detenerse en el proceso; quiere obtener el resultado final. El sufrimiento conduce a la gloria; la vergüenza conduce al honor; la debilidad lleva a la fuerza. Así es como Dios hace las cosas. Los hombres harán lo peor que puedan, pero Dios dará lo mejor que tiene. Jesús se entregó en manos de hombres malos con el objeto de cumplir el propósito de Dios, y ese propósito se cumplió. Pagó el precio de nuestra salvación, y ahora cualquier pecador puede volverse a Dios, por medio de la fe en Cristo, y ser salvo del pecado.

No sé a qué crisis te enfrentas ahora, pero sí sé una cosa: sentirás la tentación de huir. Todos lo hemos hecho. Hemos orado pidiendo a Dios que envíe a sus ángeles para salvarnos. Si la huida es tu forma de vivir, te perderás todas las bendiciones que Dios tiene reservadas para ti. De entrada, las personas que huyen nunca maduran de verdad. Si huyes, no puedes crecer en la fe y en la paciencia. Además, las personas que huyen nunca glorifican de verdad a Cristo. Ocultar tu luz debajo de una salida de emergencia no es un modo de glorificar a Dios.

En esos momentos la huida parece el camino fácil, pero al final es el más difícil. Yo tenía un amigo que posponía una y otra vez ir al médico porque le daba miedo que le dijera que debía operarse. Cuando al final lo operaron fue demasiado tarde. A veces las experiencias de crisis en la vida son como una intervención quirúrgica: nos duelen, pero no nos perjudican. El proceso es doloroso, pero el resultado es el gozo.

Tú y yo hemos entregado nuestras vidas a Jesucristo; Él es nuestro Salvador y Señor. Ha prometido que nunca nos dejará ni nos abandonará. No promete que nos librará de todas las crisis, pero sí que nos acompañará al otro lado. Quiere que practiquemos el cumplimiento, no la huida; además, nos ha dado ejemplo de cómo hacerlo. En Él vemos que la voluntad de Dios es lo mejor, lo único. En lugar de salir huyendo, corre a los brazos de tu Padre amante y deja que hoy Él obre en tu vida sus propósitos maravillosos.

9

Supera las decepciones

Cada uno de nosotros debe aprender a encajar las decepciones de esta vida. Todos nosotros sabemos qué significa que nuestros sueños se rompan y nuestros planes cambien. A veces, la decepción afecta hasta tal punto a las personas que las deja con una discapacidad emocional para el resto de sus vidas. Sin embargo, hay personas que superan los sueños rotos y viven en victoria. En esta meditación quiero presentarte a un hombre que se enfrentó a una decepción tras otra y que, aun así, triunfó sobre ellas.

Si ha habido un hombre que haya experimentado desencantos y tragedias personales, ese fue Jeremías. Fue llamado a servir a Dios en un momento complicado de la historia. Además, Dios le dio un mensaje difícil de proclamar, porque le dijo que advirtiese a la nación de que se acercaba el juicio, y que más les valía arrepentirse. Jeremías sirvió al Señor fielmente durante más de cuarenta años. Nunca hizo concesiones, ni en su mensaje ni en su fidelidad. Su familia se puso en su contra, y al final el resto del país hizo lo mismo. Vivió para ver cómo su amada nación caía en manos del enemigo, y su amada ciudad y su querido templo quedaban totalmente destruidos.

Si ha habido alguien que sintiera el corazón roto, ese fue Jeremías. Su libro de profecías da testimonio de esta carga, y el libro de Lamentaciones, que también escribió él, lleva huellas de lágrimas en casi todos los versículos. Imagina lo que es servir a Dios lealmente durante toda una vida y, al final, ¡ver como todo se desmorona! Jeremías podía haber acabado su vida siendo un hombre amargado y roto, pero no fue así. Con las fuerzas que le dio el Señor pudo sobreponerse a sus desencantos y aceptarlos.

Podría señalarte muchas afirmaciones en la profecía de Jeremías que señalan su coraje y su fe, pero para el propósito de este mensaje basta con indicar una sola de ellas. Se encuentra en Jeremías 10:19: "¡Ay de mí, por mi quebrantamiento! mi llaga es muy dolorosa. Pero dije: Ciertamente enfermedad mía es esta, y debo sufrirla". Para mí, esta afirmación es una de las mayores declaraciones de fe y de fidelidad que encontramos en toda la Biblia. Aprendamos del profeta Jeremías a enfrentarnos a las decepciones de la vida y a vencerlas.

La primera verdad que enseña es la siguiente: *tendrás decepciones*. En la vida no siempre brilla el sol y no hay nubes; habrá días, y quizá semanas, en las que habrá tormenta y oscuridad. Algunas personas creen que los cristianos fieles nunca experimentan decepciones, pero esto no es cierto. Dios no garantiza que nunca se nos romperá el corazón. Dios no promete librarnos del llanto antes de llegar al cielo. Cuando lees la Biblia y biografías de cristianos, descubres que los santos de Dios fieles han padecido su dosis de decepciones.

¿No crees que el piadoso Abraham se sintió decepcionado por la conducta de su sobrino Lot? Para José, ¿no fue una carga el trato egoísta que recibió de sus hermanos? Los pecados del pueblo de Israel acongojaban a Moisés una vez tras otra, ¡hasta el punto de que quiso morir! El rey David tenía grandes planes para su familia, pero algunos de sus hijos fueron tan pecadores que casi acabaron con la nación. Cuando lees las epístolas de Pablo, ves que él también sabía lo que era padecer decepciones, y que vio cómo sus propios ayudantes en el ministerio le fallaban tanto a él como al Señor. El Señor nunca nos prometió una vida fácil, así que puedes esperar que vengan decepciones.

Jeremías no intentó convencerse de que todo iba bien, engañándose. "¡Ay de mí, por mi quebrantamiento! mi llaga es muy dolorosa", escribió. Admitió que tenía el corazón roto. Confesó abiertamente que quienes debían haberle proporcionado alegría le habían herido. Tendrás decepciones; es una de las crudas verdades de esta vida.

El profeta Jeremías nos enseña una segunda verdad: *nuestras decepciones están en manos del Señor.* Estoy seguro de que hubo muchos momentos en que el profeta pensó que Dios le había abandonado. ¿Por qué no respondía Dios a sus oraciones? ¿Por qué el mensaje que predicaba no daba fruto y transformaba a la nación? ¿De verdad valía la pena quedarse allí y ministrar a un pueblo de corazón tan duro?

Dios sabía lo que estaba pasando, y era Él quien gobernaba la vida de Jeremías y señoreaba sobre ella. Dios permitió el sufrimiento de su siervo. Dios le protegió cuando el rey pretendía matarlo, y además le dio sustento para que no pasara hambre. Dios sabía incluso cómo moriría Jeremías, y no lo impidió. Tanto si Jeremías veía a Dios y sentía su presencia como si no, Él estaba allí.

La primera mentira que nos susurra el enemigo cuando nos ataca la decepción es que Dios ha fallado. A lo mejor has recibido un informe del médico y no dice lo que esperabas. Oraste, leíste la Biblia y reclamaste las promesas de Dios, y aun así te sientes decepcionado. ¿Quiere esto decir que Dios ha fallado? No, no es así. ¿Quiere decir que le hemos fallado a Dios? No necesariamente. Jeremías sirvió fielmente a Dios hasta el punto de dar su vida, y sin embargo no vivió para ver cómo se cumplían sus sueños acerca de su pueblo.

El Dr. A. T. Pierson solía decir: "Las decepciones son las decisiones de Dios". Hace falta fe para creer esto y descansar en esa seguridad, pero es cierto que Dios sigue sentado en el trono, y que si se lo permitimos, cumplirá sus propósitos maravillosos en nuestras vidas. Si luchamos contra las circunstancias y nos amargamos, Dios no puede hacer en nosotros y por medio de nosotros todo lo que tiene previsto. Si nos sometemos y confiamos en que Él hará lo mejor, todas las cosas colaborarán para nuestro bien.

Escucha la declaración de fe de Jeremías cuando se enfrenta a los desengaños dolorosos de la vida: "¡Ay de mí, por mi quebrantamiento! mi llaga es muy dolorosa. Pero dije: Ciertamente enfermedad mía es esta, y debo sufrirla". No culpó a Dios ni a otras personas; no intentó buscar un culpable; no luchó contra las circunstancias ni intentó que Dios cambiara de idea. Aceptó por fe la carga de su dolor, y confió en Dios para que Él obrara su voluntad perfecta. En este universo hay una ley básica que dice: "Si te opones a la voluntad de Dios, esta te destruirá; acepta la voluntad de Dios y esta te fortalecerá". ¿Qué piensas hacer?

Hemos aprendido dos cosas sobre las frustraciones de esta vida: primero, puedes esperar que vendrán; segundo, cree que Dios está poniendo por obra su plan perfecto. La tercera verdad es esta: *sométete a la voluntad de Dios y permite que Él sane tu corazón roto y cumpla sus deseos.* Jeremías no se opuso a Dios, aunque hubo momentos en que cuestionó su voluntad. No intentó hacer las cosas por su cuenta. En lugar de eso, Jeremías se sometió a la voluntad de Dios y dejó que Él obrara su plan perfecto.

¿Y cuál fue el resultado? Que la nación cayó en el cautiverio y sus integrantes fueron llevados a Babilonia. Jeremías fue raptado y llevado a Egipto por unos fanáticos, y allí, según cuenta la tradición, fue apedreado hasta la muerte por predicar la verdad. La historia no tiene un final feliz, pero en la voluntad de Dios todo final es feliz. Dios no juzga la vida de un hombre según lo que dicen los periódicos. Juzga con justicia basándose en lo que es eterno.

¿Qué consiguió Dios en esta historia tan trágica? De entrada, Dios hizo a un hombre que fue muy parecido al Señor Jesucristo. Cuando Jesús estuvo en esta tierra, preguntó a sus discípulos qué decían de Él otras personas, y una de las respuestas fue: "Eres el profeta Jeremías". ¡Qué tremendo cumplido, que le comparen a uno con el Señor Jesucristo! Cuando lees la vida de Jeremías, puedes encontrar muchos paralelos entre él y el Salvador, y lo que hizo que se le pareciera fue el sufrimiento. Las decepciones de su vida fueron precisamente las herramientas que moldearon a Jeremías, le pulieron y le hicieron parecerse a Jesucristo.

¿Acaso la decepción no consiste en esto? Dios hace que todas las cosas cooperen para bien, y una parte de ese bien (según Ro. 8:29) es que podamos conformarnos a la imagen de su Hijo, asemejarnos más a Él. Los cuatro hombres del Antiguo Testamento que reflejan mejor a Jesucristo son aquellos que sufrieron: José, Moisés, David y Jeremías. De modo que si tú y yo padecemos, es porque Dios desea pulirnos y hacernos semejantes a su Hijo.

Dios construye el carácter por medio de las decepciones de la vida, y también da testimonio a través de ellas. Asediado por sus frustraciones, Jeremías dio testimonio del Señor y transmitió su mensaje al pueblo. Mediante su predicación y su vida, Jeremías condujo a otros a Dios. Las frustraciones no solo son oportunidades para madurar, sino también para ministrar. Hoy día contamos con los escritos de Jeremías para que aprendamos de ellos y los vivamos, porque ese profeta fue fiel a Dios. Cuando aceptamos las decepciones, confiamos en Dios y nos ponemos en sus manos, Él nos utiliza para ministrar a otros en las batallas de esta vida.

"Ciertamente enfermedad mía es esta, y debo sufrirla", escribió Jeremías. No se quejó: aceptó sus frustraciones y dejó que Dios las usara para su propio bien y para gloria del Señor.

10

Bajo sus alas

En 1892, después de pasar un año trabajando duramente en Gran Bretaña, D. L. Moody regresó a su casa, ansioso por ver de nuevo a su familia y retomar su trabajo. El barco zarpó de Southampton y lo despidieron muchas personas. Cuando llevaban unos tres días de travesía en el océano, el barco se detuvo porque se había roto un eje; al cabo de poco tiempo empezó a entrar agua. Como es lógico, los tripulantes y los pasajeros se desesperaron, porque nadie estaba seguro de si el barco acabaría hundiéndose o no, y nadie sabía si en la zona había algún barco de salvamento. Después de dos días de ansiedad, Moody pidió permiso para celebrar una reunión y, para su sorpresa, casi todos los pasajeros asistieron a la reunión. Moody abrió su Biblia en el Salmo 91 y, sujetándose a una columna para mantenerse en pie, leyó: "El que habita al abrigo del Altísimo morará bajo la sombra del Omnipotente".

Más adelante Moody escribió: "Fue la hora más oscura de toda mi vida… La oración me proporcionó alivio. Dios escuchó mi clamor y me permitió decir, desde el fondo de mi alma, "Hágase tu voluntad". Me fui a la cama y me quedé dormido casi de inmediato…". Pues bien, Dios respondió a la oración, salvó el barco y envió otra embarcación que lo remolcó hasta el puerto. Para D. L. Moody, el Salmo 91 se convirtió en un pasaje bíblico vibrante, y descubrió, como debemos hacerlo tú y yo, que el lugar más seguro del mundo es la sombra del Omnipotente, "bajo sus alas".

"El que habita al abrigo del Altísimo morará bajo la sombra del Omnipotente... Con sus plumas te cubrirá, y debajo de sus alas estarás seguro". Esto es lo que promete el Señor en el Salmo 91:1 y 4. ¿Qué quiere decir Dios con "debajo de sus alas"? Por supuesto, sabemos que es un lenguaje simbólico, porque Dios no tiene alas. Algunos piensan que es una referencia a cómo la gallina cubre y protege a sus polluelos. Recordarás que Jesús utilizó una comparación como esta cuando dijo: "¡Cuántas veces quise juntar a tus hijos, como la gallina junta sus polluelos debajo de las alas, y no quisiste!".

Personalmente, creo que el Salmo 91 habla de otro tipo de alas. ¿Dónde está el lugar secreto del Altísimo? Para todos los judíos del Antiguo Testamento solo había un lugar secreto: el lugar santísimo dentro del tabernáculo. Recordarás que el tabernáculo estaba dividido en tres partes: un patio exterior donde se ofrecían sacrificios; un lugar santo donde los sacerdotes quemaban incienso, y el lugar santísimo, donde se guardaba el arca de la alianza. Y recordarás que, por encima del arca de la alianza, en el propiciatorio, había dos querubines, cuyas alas se extendían sobre el arca. Creo que a esto es a lo que se refiere el salmista: el "lugar secreto" es el lugar santísimo, y "la sombra del Omnipotente" es la que proyectan las alas de los querubines bajo el propiciatorio.

En los tiempos del Antiguo Testamento no se permitía a nadie entrar en el lugar santísimo, excepto al sumo sacerdote; y solo podía hacerlo una vez al año. Si alguien intentaba llegar a la fuerza, moría. Pero hoy día todos los hijos de Dios, salvos por la fe en Jesucristo, pueden entrar en el lugar santísimo, porque Jesucristo ha abierto el camino para nosotros. Cuando Jesús murió en la cruz, el velo del templo se rasgó en dos mitades, y se abrió el camino que lleva a la misma presencia de Dios. Tú y yo tenemos el privilegio de vivir en el lugar santísimo, de vivir bajo la sombra de sus alas. No nos limitamos a venir a la presencia de Dios de vez en cuando; ¡vivimos en su presencia gracias a Jesucristo!

¿Me creerías si te dijera que el lugar más seguro del mundo es bajo una sombra? Lo es, ¡siempre que sea la sombra del Omnipotente! Prefiero estar bajo la sombra del Dios todopoderoso que estar protegido por el ejército más poderoso de este mundo.

Cuando lees el Salmo 91, descubres que Dios hace algunas promesas maravillosas a quienes viven bajo sus alas, en el lugar santísimo. En primer término, promete una protección divina. Esto no quiere decir que los cristianos nunca tendremos accidentes o enfermaremos, porque tú y yo sabemos que no es así. Dios no nos promete protegernos *de* las pruebas, sino *en* las pruebas. Los peligros de la vida pueden *herirnos*, pero no *perjudicarnos*. Podemos reclamar su promesa de que tales cosas obren en nuestro beneficio, no contra nosotros.

Escucha una de estas promesas: "Pues a sus ángeles mandará acerca de ti, que te guarden en todos tus caminos. En las manos te llevarán, para que tu pie no tropiece en piedra" (Sal. 91:11-12). El mundo moderno y científico se burla del concepto de los ángeles, pero el hijo de Dios no lo hace. Jesús enseñó que los ángeles de Dios protegen a los hijos del Señor. No es que los ángeles vayan por delante en el camino recogiendo las piedras, porque en ocasiones las necesitamos para que nos enseñen a depender más del Señor. Lo que hacen los ángeles es ayudarnos a usar las piedras como escalones, no como barreras. Creo firmemente que cuando lleguemos al cielo, veremos cuántas veces los ángeles de Dios nos protegieron y guardaron nuestra vida.

Esto no es una invitación a ser temerarios ni a tentar a Dios, pero sí una exhortación para que nos preocupemos menos.

Los creyentes son inmortales por la voluntad de Dios hasta que hayan concluido su trabajo. Fuera de la voluntad de Dios hay peligros, pero dentro de su voluntad existe una protección divina que nos da paz al corazón, por muy difícil que resulte la vida. "Bajo sus alas", permaneciendo en Cristo; ahí es donde estamos más seguros durante las tormentas de la vida.

Sin embargo, no corremos al lugar santísimo para escondernos de la vida. Me temo que muchas personas malinterpretan las Escrituras y los himnos que hablan de esconderse en Dios y hallar en Él un refugio frente a la tormenta. Acudimos a Dios en busca de fortaleza y de ayuda, y luego volvemos a la vida para hacer su voluntad. La protección divina no es un mero lujo del que disfrutamos; es una necesidad que deseamos compartir con otros. La protección de Dios nos prepara para servirle. Vamos *dentro* para poder ir *fuera*. Adoramos para poder trabajar; descansamos para poder servir.

¿Vives a la sombra del Señor, bajo sus alas? ¿Has confiado en Cristo como tu Salvador? ¿Dedicas un tiempo cada día a la alabanza y a la adoración? Confío en que lo hagas, porque la vida más segura y más satisfactoria se encuentra bajo sus alas.

La persona que vive bajo sus alas no solo disfruta de la vida más segura posible, sino también de la más satisfactoria. El Salmo 91 concluye con esta promesa: "Lo saciaré de larga vida, y le mostraré mi salvación". Esto no quiere decir que todos los cristianos vivirán cien años; las evidencias apuntan a lo contrario. Algunos de los cristianos más destacados murieron antes de cumplir los treinta años. La larga vida tiene que ver con la *calidad*, no solo con la *cantidad*: significa tener una vida plena y satisfactoria. Puedes vivir ochenta años y, si dejas fuera a Cristo, no haces más que existir. Por otro lado, si te entregas a Cristo, puedes contener, en cuarenta años, tres o cuatro vidas de servicio y de alegría. Hay una satisfacción que solo disfrutan quienes viven bajo sus alas, en el lugar de la entrega y de la comunión.

El lugar de la satisfacción es el lugar secreto del Altísimo. Cuando te entregas a Jesucristo y vinculas con Él tu vida, encuentras el tipo de satisfacción por el que vale la pena vivir y morir; no los bailes de máscaras superficiales de este mundo, sino la paz y el gozo profundos y permanentes que solo pueden proceder de Jesucristo.

Dale la espalda al pecado y a las baratijas que ofrece este mundo, y permíteme que te invite a entrar en el lugar secreto del Altísimo. Entrega tu vida a Cristo, confía en Él como tu Salvador, responde a su invitación generosa. Cuando lo hagas, entrarás en un nuevo tipo de vida, una vida bajo la sombra de Dios, una vida en el lugar secreto de la seguridad y la satisfacción.

11

Miel de la peña

Una de las promesas que hace Dios a sus hijos y que encontramos en Salmos 81:16 es que nos satisfará con "miel de la peña". Por supuesto, tú y yo sabemos que la miel es seguramente el producto más dulce que ofrece la naturaleza, y una peña es uno de los elementos más duros del mundo. Por lo tanto, aquí vemos cómo la dulzura sale de la fortaleza, "miel de la peña". Esta es una de las promesas de Dios, y deberías reclamarla para tu vida.

En Salmos 81:16, Dios no habla en términos literales; tú y yo sacamos miel de la colmena o de un tarro. El Señor dice algo mucho más profundo: "En esta vida encontrarás lugares duros; a veces encontrarás peñas en tu camino. Pero no te desanimes: te daré miel de la peña. En medio de las experiencias difíciles de la vida encontrarás dulzura".

Yo solía preguntarme por qué Dios no *quitaba* las rocas del camino de la vida. Es evidente que a ninguno de nosotros le gusta pasar por los lugares difíciles y, si Dios realmente nos amara, iría delante de nosotros apartando las piedras. Bueno, pues ahora he crecido un poco y me he dado cuenta de que Dios sabe lo que se hace. A ti y a mí no nos gustan las peñas, pero aun así las necesitamos. Estoy seguro de que has aprendido, al igual que yo, que algunas de las experiencias más dulces de la vida han tenido lugar gracias a las rocas.

Esto fue así sin duda para personas que vivieron en los tiempos bíblicos. Pienso en el joven José, que durante trece años lo único que encontró en su camino fueron piedras. Primero le odiaron sus propios hermanos; luego fue vendido a Egipto como esclavo; entonces, como no quiso rebajarse a pecar, fue arrojado a la cárcel y aparentemente olvidado. Tuvo una experiencia dura tras otra, ¡y parecía que sin propósito! Pero cuando acabó todo, cuando Dios hubo cumplido sus propósitos, José descubrió miel de la peña. Esas experiencias duras le prepararon para convertirse en el siervo de Dios y en el segundo gobernante más importante de Egipto.

David tuvo experiencias parecidas. Fue ungido rey de Israel, pero sin embargo lo persiguieron como a un vulgar criminal. El rey Saúl le odiaba e intentó matarle. David tuvo que huir de su hogar y refugiarse en cuevas. Si ha habido un hombre que haya pasado por experiencias duras como la piedra, ese fue David. Supongo que en más de una ocasión David tuvo sus dudas y escuchó como el enemigo le decía: "No vale la pena servir al Señor. ¿Por qué no renuncias? Dios te ha prometido un reino, y hasta ahora lo único que has tenido han sido peñas y cuevas". David no se dejó vencer, y un día Dios le dio miel de la peña. De hecho, muchos de los salmos que nos animan el corazón hoy día nacieron de las experiencias difíciles que tuvo David en su vida.

Una de las manifestaciones de la madurez es el modo en que una persona encuentra su deleite en esta vida. Algunos encuentran placer haciendo lo que está mal y, por supuesto, esta es la manera más infame de vivir. Otros lo encuentran eludiendo las responsabilidades y las dificultades, y dejando que otros los refugien y los protejan. Esta forma de vivir nunca consigue que una persona sea fuerte y madura. El cristiano maduro no busca deliberadamente las dificultades, pero tampoco huye de ellas; antes bien las acepta en la voluntad de Dios y pide al Señor que le dé "miel de la peña".

He descubierto que muchos de los Salmos tienen tres partes: lágrimas, confianza y triunfo. El salmo empieza con lágrimas y dificultades, y el salmista clama a Dios. Luego aparta los ojos de sí mismo y de sus dificultades y mira a Dios con fe. Cuando lo hace, sucede algo maravilloso: sus pruebas quedan reemplazadas por el triunfo, y sus suspiros se convierten en cánticos. Ha descubierto la miel de la peña.

Esto es lo que pretende enseñarnos Santiago ya en los primeros versículos de su epístola, cuando escribe: "Hermanos míos, tened por sumo gozo cuando os halléis en diversas pruebas, sabiendo que la prueba de vuestra fe produce paciencia…" (Stg. 1:2-3). Las pruebas no obran contra nosotros, ¡sino *por* nosotros! Santiago dice: "No corras alrededor de las peñas, ni te quedes quieto esperando que Dios las quite de tu camino. En lugar de eso, ¡busca la miel que seguro saldrá de ellas!". Pablo dice lo mismo cuando escribe: "Y sabemos que a los que aman a Dios, todas las cosas les ayudan a bien, esto es, a los que conforme a su propósito son llamados" (Ro. 8:28). Por muchas rocas que encontremos mientras viajamos por la vida, siempre podemos encontrar "miel de la peña" si lo ponemos todo en manos del Señor.

Es posible que ahora mismo estés pasando por un lugar difícil. Has hecho tu trabajo fielmente, pero aun así te has topado con una peña que no tiene intención de moverse. Pide a Dios que te dé miel de la roca. Cuando permites que el Señor obre en tu vida, en mitad de la dureza siempre encuentras dulzura.

Todo el mundo debe tener un sistema para gestionar los lugares difíciles de la vida. Algunas personas intentan ignorarlos y fingen que no existen, lo cual, por supuesto, solo consigue que los puntos complicados lo sean todavía más. Otras personas se dan por vencidas y esperan que sus amigos les ayuden a superar el bache. Es maravilloso tener amigos, y se supone que tenemos que compartir unos las cargas de los otros, pero no podemos esperar que hagan por nosotros lo que no queremos hacer por nosotros mismos.

¿Has pensado en las dificultades que tuvo Jesús cuando vivió en este mundo? Nació en un hogar pobre, y nunca poseyó de verdad nada que pudiera considerar suyo. Nació siendo miembro de una raza despreciada y rechazada, un grupo minoritario, que en aquella época vivía bajo el talón de hierro de un poder extranjero. Siempre que Jesús quería hacer el bien, alguien intentaba convertirlo en mal. Si se detenía para perdonar a un pecador, le llamaban "amigo de publicanos y de pecadores". Si cenaba con un amigo, le llamaban "comilón y bebedor de vino". Cuando hablaba la verdad, le acusaban de embustero. Reveló el poder de Dios, y los líderes religiosos dijeron que estaba aliado con el diablo. Sin importar adónde fuera o qué hiciera: siempre se enfrentó con circunstancias difíciles.

Pero Jesús nunca huyó de los lugares ásperos de la vida. Sabía que estaba haciendo la voluntad de su Padre, de modo que aceptó las rocas y la miel que fluía de ellas. Un día, cuando los discípulos le ofrecieron alimentos, les dijo: "Mi comida es que haga la voluntad del que me envió, y que acabe su obra". Encontró la miel de la peña, y esa miel le satisfizo.

Sí, Jesús se enfrentó a las peñas de la vida, y al final unos hombres lo sacaron de la ciudad y lo crucificaron sobre una roca, una colina llamada Calvario, un lugar que tenía la forma de una calavera. Luego sus amigos tomaron su cuerpo y lo enterraron en una peña, la tumba nueva de José de Arimatea, donde permaneció tres días. ¡Pero entonces resucitó de entre los muertos! De la colina del Calvario y del sepulcro mana la dulce miel de la salvación, ¡la miel de la peña!

¿Has confiado en Cristo como tu Salvador? Dios dice "Gustad, y ved que es bueno Jehová". Una vez conoces a Cristo como tu Salvador y Señor, puedes enfrentarte a los lugares pedregosos de la vida con confianza y con valor, porque Dios te dará "miel de la peña".

12

Cómo seguir avanzando

Sabía que fuera donde fuese encontraría problemas, sufrimiento y persecución. Algunos de sus amigos le advirtieron que se protegiese y que huyera. Pero el gran apóstol Pablo no era del tipo de personas que huyen de las dificultades o de los retos. Por eso, en Hechos 20:24, dijo a sus amigos: "Pero de ninguna cosa hago caso, ni estimo preciosa mi vida para mí mismo, con tal que acabe mi carrera con gozo, y el ministerio que recibí del Señor Jesús, para dar testimonio del evangelio de la gracia de Dios".

En este testimonio destacan tres frases: mi vida, mi carrera, y mi ministerio. Vamos a examinarlas individualmente e intentaremos descubrir algunos de los secretos del coraje y de la devoción de Pablo.

La primera frase es *"mi vida"*. Pablo dijo: "ni estimo preciosa mi vida para mí mismo…". Descubrió esta verdad del Señor Jesucristo. Recordarás que Jesús dijo a sus discípulos: "Porque todo el que quiera salvar su vida, la perderá; y todo el que pierda su vida por causa de mí y del evangelio, la salvará". También dijo: "Si alguno quiere venir en pos de mí, niéguese a sí mismo, y tome su cruz, y sígame".

Tu vida es un regalo de Dios. "En él vivimos, y nos movemos, y somos". Incluso antes de que nacieras, Dios te conocía y tenía un propósito para tu vida. Tus talentos y habilidades, tus intereses, tus puntos fuertes e incluso los débiles forman parte de un plan divino. Dios te dio la vida natural, pero también la espiritual por medio de la fe en Jesucristo. Dios te creó y te salvó. La vida que tienes, tanto física como espiritual, es un regalo de Dios.

Pablo no se guardó este regalo para sí mismo. Lo puso al servicio de Dios para que este lo usara para la gloria de Jesucristo. Dijo: "ni estimo preciosa mi vida para mí mismo…". En la vida espiritual existe un principio que dice que lo que guardas, lo pierdes; lo que entregas, lo conservas para siempre. Si consideras tu vida como algo precioso para ti mismo, proteges tus intereses y te mimas demasiado, entonces nunca vivirás de verdad. Pero si te pones en las manos del Señor y permites que Él controle tu vida, disfrutarás de vida abundante.

La gente egoísta nunca es feliz. Están tan ocupados intentando conseguir más cosas que no logran disfrutar de lo que ya tienen. Cuando pasas por la vida preguntando: "¿Qué voy a conseguir?", en vez de "¿Qué puedo dar?", te pierdes todas las emocionantes bendiciones que Dios tiene reservadas para aquellos que le entregan sus vidas. Pablo no consideraba que su vida fuera lo más precioso para él; lo que ocupaba el primer lugar en la vida de Pablo era la voluntad de Dios. Escribió a los cristianos gálatas diciendo: "Ya no vivo yo, mas vive Cristo en mí…". Su vida no era un tesoro que debía *guardar*; era un tesoro que debía *invertir* por medio de su entrega a Jesucristo. Tú y yo tenemos una sola vida que vivir. Cuando la vida acabe, ya no tendremos más oportunidades de hacer que esa vida glorifique a Cristo.

En Hechos 20:24, Pablo usa una segunda expresión: *"mi carrera"*. Dice: "ni estimo preciosa mi vida para mí mismo, con tal que acabe mi carrera con gozo…". La palabra *carrera* sugiere una prueba atlética en la que Pablo es uno de los participantes. Pablo usaba a menudo ilustraciones atléticas en sus cartas, y este es uno de esos casos. Sin duda que había sido espectador de los juegos atléticos en diversas ciudades griegas, y estos le sugirieron verdades sobre la vida cristiana.

Nadie podía competir en los juegos griegos a menos que tuviera la ciudadanía griega. De igual modo, nadie puede correr la carrera cristiana a menos que sea un hijo o hija de Dios, un ciudadano del cielo. Cuando entregas a Jesucristo tu corazón, Él te salva y te aparta de ese camino ancho que lleva a la destrucción. Te pone en el sendero estrecho que conduce al cielo, y te asigna una de las calles en la pista de carreras. En Filipenses 3 y Hebreos 12, Dios compara la vida cristiana a una carrera, y asigna a cada corredor cristiano una calle determinada. Lo importante es que obedezcamos las reglas, sigamos corriendo para obtener el premio y no nos salgamos de la calle adecuada. Si lo hacemos bien, Dios nos recompensará al final de la carrera. Si no corremos como debemos, perderemos nuestra recompensa.

¿Qué nos impide correr la carrera como debiéramos hacerlo? A veces es que no nos hemos entrenado. De igual manera que un atleta debe entrenarse a menudo, el cristiano debe obedecer al Señor y cuidar de sus disciplinas espirituales. Hebreos 12:1 nos advierte que no debemos llevar demasiado peso y librarnos del pecado que nos hace tropezar. Hay algunas cosas a las que renunciamos los cristianos no porque sean pecaminosas por sí mismas, sino porque nos impiden correr la buena carrera. Los atletas necesitan una dieta adecuada, aire fresco y suficiente reposo, y nosotros, como atletas cristianos, también. Tenemos que alimentarnos de la Palabra de Dios, respirar el aire puro del cielo cuando oramos, y reposar en el Señor confiando en Él para recibir las fuerzas que necesitamos.

La gran ambición de Pablo era acabar *su* carrera, no la

de otro. Como cristianos participantes en una carrera, no competimos con otros creyentes; porque *todos* podemos ganar la carrera y obtener una recompensa. No, competimos *con nosotros mismos*. ¿Hemos avanzado más por la pista desde la semana pasada? ¿O hemos retrocedido perdiendo terreno en el plano espiritual? Por favor, no te compares con otros cristianos. Mide tu vida según el plan que Dios tiene para ella, la recompensa que desea que obtengas.

Una de las peores cosas que puede hacer un corredor es mirar atrás. En Filipenses 3, Pablo escribe: "Olvidando ciertamente lo que queda atrás…". Mantengamos la vista en la meta; asegurémonos de que corremos en la calle que Dios nos ha asignado. Dejemos que el Señor se ocupe de los otros corredores. Jesús nos dice, como le dijo a Pedro: "¿Qué a ti? Sígueme tú".

Pablo quería concluir su carrera con gozo, y lo hizo. Leemos sus palabras en 2 Timoteo 4:7: "He peleado la buena batalla, he acabado la carrera, he guardado la fe". Esperaba el momento de ver al Señor Jesucristo y de recibir la corona de justicia. Pronto acabaría la carrera, y pronto sería suyo el premio del supremo llamamiento. Un día la carrera acabará para ti y para mí. ¿Podremos decir "he acabado con gozo mi carrera"?

La última de las tres frases que emplea Pablo en Hechos 20:24 es "mi *ministerio*": "el ministerio que recibí del Señor Jesús". Su vida era un don de Dios. Era Dios quien había establecido su carrera. Mientras corría por aquella pista, por encima de todo quería cumplir el ministerio que le había dado el Señor.

Cada uno de nosotros tiene que cumplir un ministerio. Pablo escribió al joven Timoteo: "cumple tu ministerio". Esto significa, literalmente, "acaba tu ministerio; alcanza mediante tu obra las cosas que Dios te ha llamado a hacer". Cada uno de nosotros tiene un ministerio especial del Señor que nadie puede hacer por nosotros. Es *nuestro* ministerio, que el Señor nos ha asignado, y tenemos la responsabilidad de acabarlo para su gloria. Nunca debemos envidiar a otros por el ministerio que tengan, porque a los ojos de Dios la obra que Él nos ha dado es tan importante como la suya.

El ministerio de Pablo se centraba en compartir el evangelio de la gracia de Dios. ¡La palabra *gracia* es maravillosa! Transmite la idea de los dones gratuitos de Dios para personas que no los merecen. La gracia es el favor divino. No la puedes ganar; no puedes merecerla; solo puedes recibirla por fe. La gracia significa que Dios hace por ti lo que tú no puedes hacer por tu cuenta. La gracia significa que Dios te da lo que nunca podrías ganar o merecer, aunque lo intentaras durante un millón de años. Pablo era el gran embajador de la gracia de Dios.

Sea cual fuere el ministerio que Dios te ha llamado a cumplir, asegúrate de magnificar la gracia divina. La mayoría de personas de este mundo piensa que puede ganarse el camino al cielo, o complacer a Dios mediante buenas obras y actividades religiosas. Nosotros tenemos el privilegio y la responsabilidad de transmitirles el evangelio, las buenas noticias, de que Dios les dará salvación si reciben a Cristo y confían en Él. La salvación por obras sería una mala noticia, porque nadie podría conseguirla jamás; pero la salvación por la gracia es una buena noticia: cualquiera puede poner su fe en Jesucristo y ser salvo.

Mi vida, mi carrera, mi ministerio. Nos haría bien repetir estas tres frases al principio de cada día, porque nos ayudan a hacer inventario de nuestra experiencia espiritual. ¿Considero que mi vida es preciosa para mí, o la entrego a Cristo? ¿Corro por la pista que Dios me ha asignado? ¿Cumplo el ministerio que me ha concedido? No tengas en cuenta los problemas que puedas estar teniendo ahora mismo; ponte en manos de Jesucristo. Entrégale tu vida y permite que obre en ti su voluntad perfecta; en tu vida, tu carrera y tu ministerio.

13

En el horno del sufrimiento

Hace casi doscientos años, Thomas Jefferson escribió una carta a su amiga, la Sra. Cosway, en la que decía: "El arte de la vida consiste en eludir el sufrimiento". Thomas Jefferson fue un gran hombre y un pensador brillante, pero no estoy de acuerdo con él. Cuando leemos esta afirmación por primera vez, nos parece cierta. Ninguno de nosotros busca deliberadamente el sufrimiento cuando realizamos nuestras actividades cotidianas. Cuando llega el momento, cada medio año, en que el dentista tiene que revisar nuestros dientes o hacemos nuestro chequeo anual con el médico de cabecera, nos gustaría poder evitarlo. Después de todo, es posible que el dentista tenga que hacernos un empaste, ¡o que el médico nos aconseje que nos operemos o que hagamos dieta! En términos generales, todos hacemos lo posible por evitar el sufrimiento.

Sin embargo, cuando examinamos esta idea más a fondo, vemos que no encaja con los hechos de la historia. ¡El propio Thomas Jefferson pagó un precio por exigir la independencia de Estados Unidos! Para obtener la libertad muchos de los patriotas de su tiempo perdieron sus nombres, sus hogares, su fortuna y algunos, sus vidas. Nuestra libertad se pagó con sufrimiento y con muerte, los mismos elementos con los que hemos tenido que protegerla. La propia historia nos demuestra que el progreso humano solo se logra cuando alguien padece por lo que es verdadero y justo.

Incluso sin tener en cuenta la historia, nuestra propia experiencia personal nos enseña la necedad de esa afirmación. Los mayores sufrimientos no son físicos, sino emocionales y espirituales. Todos nosotros hemos sufrido a lo largo del peregrinaje de esta vida. Podríamos haber esquivado el sufrimiento, pero hemos aprendido que normalmente las cosas más importantes de la vida lo exigen. Si la gente viviera para eludir el sufrimiento, nunca querrían crecer. ¡Pero piensa en lo que se perderían!

Pensemos en el nacimiento de una persona. Sin duda, contamos con métodos científicos modernos para proteger a las madres, pero aun así estas experimentan cierto grado de dolor. El propio Jesús usó esta imagen al hablar de su sufrimiento, cuando dijo: "La mujer cuando da a luz, tiene dolor, porque ha llegado su hora; pero después que ha dado a luz un niño, ya no se acuerda de la angustia, por el gozo de que haya nacido un hombre en el mundo" (Jn. 16:21).

Piensa también en el sufrimiento y la tristeza que experimentan los padres cuando intentan criar a un hijo o hija. Un viejo proverbio dice: "Cuando los niños son pequeños, nos pisan los pies; cuando son mayores, nos pisan el corazón". A menudo esto es así. A lo largo de mi ministerio he conocido a padres cristianos entregados a unos hijos que les han roto el corazón por haberse desviado, por no hacer caso de la enseñanza y del ejemplo de sus progenitores. Si realmente todo el mundo viviera para evitar el sufrimiento, nadie se casaría ni formaría una familia; sin embargo, casi todo el mundo lo hace.

Nunca debemos pensar que el sufrimiento es algo pecaminoso. Hay cierto sufrimiento que es consecuencia de la desobediencia; pero no todo el sufrimiento es consecuencia del pecado. Si Adán en el huerto del Edén hubiera tropezado con una piedra, habría sentido dolor. Sin duda, el sufrimiento de la enfermedad y de la decadencia física es, en última instancia, fruto del pecado; pero incluso el sufrimiento de la enfermedad puede tener un resultado positivo. Si tú y yo no sintiéramos nunca dolor cuando algo no marcha bien en nuestro cuerpo, moriríamos por no cuidarnos. El dolor en algún punto del cuerpo es una señal de peligro, y debemos estar agradecidos por ello.

Sin embargo, para el cristiano, el sufrimiento tiene ministerios mucho más elevados. A menudo oigo decir a la gente que los cristianos padecen más que otras personas, pero no estoy seguro de que eso se pueda demostrar. Cuando visito hospitales y residencias de ancianos, conozco a muchas personas inconversas que sufren. De hecho, creo que el cristiano entregado a Dios evita buena parte del sufrimiento físico que afecta a una persona que contamina y destruye su cuerpo mediante el pecado y el egoísmo.

¿Cuáles son los ministerios más elevados del sufrimiento? Bueno, de entrada el sufrimiento tiene una capacidad purificadora. El apóstol Pedro escribe en 1 Pedro 4:1: "quien ha padecido en la carne, terminó con el pecado". Una de las traducciones más modernas lo expresa así: "Debes darte cuenta, por lo tanto, que morir al pecado supone inevitablemente un sufrimiento". En cierta ocasión experimenté un intenso sufrimiento físico, y sin duda tuvo un efecto purificador sobre mi mente y mi corazón. Me hizo ver con mucha más claridad las cosas espirituales. Reordené mis prioridades. Es cierto que el sufrimiento, *por sí solo*, nunca puede conseguir esto; pero cuando nos entregamos a Cristo y pedimos su ayuda, el dolor puede purificarnos.

Un segundo ministerio del sufrimiento es el de la comunión con Cristo. En Filipenses 3:10, Pablo habla de "la participación de sus padecimientos [los de Cristo]". Algunas personas, cuando pasan por el sufrimiento, se vuelven contra Dios, pero no tienen por qué hacerlo. Tú y yo podemos estar más cerca de Dios por la fe cuando pasamos por el horno del sufrimiento. Ninguno de nosotros ha experimentado lo que pasó Jesús en la cruz. La persona que no es salva no tiene ni idea del gozo y de la paz maravillosos que experimenta el creyente en su corazón incluso en medio del sufrimiento constante.

Un tercer ministerio del sufrimiento consiste en glorificar a Dios. Esto no quiere decir que Dios nos hace sufrir deliberadamente para recibir gloria. Lo que significa es que Dios puede usar nuestro sufrimiento para glorificar su nombre. Cuando Jesús se enfrentó a la hora de su muerte, dijo: "Padre, glorifica tu nombre". Y Dios fue glorificado en el sufrimiento y en la muerte de su Hijo, y Dios honró a Cristo y le levantó de entre los muertos con gran gloria. He visitado a cristianos que estaban en hospitales o domicilios privados cuyas vidas glorificaban a Dios aun en medio del sufrimiento.

El sufrimiento purifica; hace que el cristiano se acerque más a Dios; glorifica a Dios. Pero también debemos recordar que el sufrimiento de hoy contiene la gloria y la honra de mañana. Pablo escribió: "las aflicciones del tiempo presente no son comparables con la gloria venidera que en nosotros ha de manifestarse" (Ro. 8:18). Dios no siempre recompensa en este mundo. De hecho, ningún cristiano debe esperar recibir muchos premios en este mundo. Jesús dijo: "En el mundo tendréis aflicción". Cierto día, un hombre me dijo: "No creo en el cielo ni en el infierno. Nuestro cielo o nuestro infierno están en este mundo". Se equivocaba. A la persona que no es salva más le vale disfrutar de este mundo todo lo que pueda, ¡porque es el único cielo del que disfrutará! Pues "está establecido para los hombres que mueran una sola vez, y después de esto el juicio".

Pero el cristiano espera expectante la gloria del cielo. Jim Elliot, uno de los misioneros que fue asesinado en Ecuador, escribió en su diario: "No es tonto quien da lo que no puede conservar, para ganar aquello que no puede perder". Si padecemos hoy con Cristo, esto solo significa que mañana viviremos en gloria con Él. Para el cristiano, lo mejor está por venir.

¿Has entregado tu sufrimiento a Cristo y le has pedido que lo use para tu bien y para su gloria? Te sugiero que lo hagas por fe. Dios no promete que eliminará nuestro sufrimiento, ni siquiera que lo aliviará; pero sí promete que lo transformará y lo usará para sus propósitos eternos.

El gran apóstol Pablo padecía. Tenía un aguijón en la carne, que Dios le había dado para que conservara la humildad y la eficacia. Pablo hizo lo que haría cualquier otro cristiano: oró a Dios pidiendo que le quitara el dolor. Dios no respondió a esa oración, pero sí a su necesidad. Dio a Pablo toda la gracia que necesitaba para transformar la debilidad en fortaleza, el sufrimiento en gloria. Y Dios nos dará gracia a ti y a mí con solo que le entreguemos todo en nuestra vida a Él.

14

Después de la victoria

Andrew Bonar fue un piadoso ministro presbiteriano en Escocia, que tuvo una vida larga y fructífera. Era íntimo amigo de D. L. Moody, a quien enseñó muchas cosas sobre la Biblia y la vida cristiana. Conservamos muchas de sus reflexiones, y una de ellas me ha llamado especialmente la atención: "Seamos tan vigilantes después de la victoria como antes de la batalla". Esta afirmación se hace eco de la advertencia de Pablo en Efesios 6: "Por tanto, tomad toda la armadura de Dios, para que podáis resistir en el día malo, y habiendo acabado todo, estar firmes". Es posible ganar la batalla y luego perder la victoria.

Los cristianos libramos batallas. Luchamos contra Satanás y contra sus planes; también luchamos contra este sistema mundano que se ha apartado de Dios. Además, batallamos con la carne; nuestra vieja naturaleza quiere que desobedezcamos. La vida cristiana no es un parque de atracciones; es un campo de batalla, y debemos estar vigilantes en todo momento. Nunca sabemos cuándo nos tentará Satanás. Pedro escribe: "Sed sobrios, y velad; porque vuestro adversario el diablo, como león rugiente, anda alrededor buscando a quien devorar" (1 P. 5:8). Pero a veces Satanás no se presenta como un león rugiente, sino como una serpiente engañadora, y debemos ser capaces de detectar sus trampas y evitarlas.

Pablo nos advierte: "así que, el que piensa estar firme, mire que no caiga". El momento más peligroso, aquel que exige una mayor vigilancia, es cuando hemos obtenido una victoria. Por el motivo que sea, después de la victoria bajamos la guardia, nos volvemos demasiado confiados, y esto ofrece al enemigo la posibilidad de atacarnos y derrotarnos.

Esto es lo que le sucedió al profeta Elías después de su gran victoria en el monte Carmelo. Recordarás que descendió fuego del cielo y consumió el sacrificio, demostrando así que el Dios de Elías era el verdadero Dios de Israel. Entonces Elías mató a los falsos profetas y sacerdotes, esperando que el pueblo se arrepintiese. Pero el pueblo no se arrepintió; los israelitas siguieron viviendo igual que antes de aquella gran confrontación en el monte. Desanimado y derrotado, Elías huyó para salvar la vida y se fue al desierto a lamentarse; ¡incluso pidió a Dios que le quitara la vida! Sí, Elías ganó la batalla, pero perdió la victoria.

No hay nada que abra más la puerta a la derrota que la confianza excesiva después de una victoria. Cuando Josué y los ejércitos israelitas estaban conquistando la Tierra Prometida, capturaron sin ninguna dificultad la ciudad amurallada de Jericó; pero la pequeña ciudad de Hai les infligió una derrota catastrófica. ¿Por qué? Porque confiaron demasiado en ellos mismos. Decidieron que era una ciudad pequeña, al contrario que la gran ciudad de Jericó, y razonaron que si habían podido conquistar Jericó, podrían tomar Hai sin grandes esfuerzos. Pero no lograron entrar en Hai; fueron humillados y vencidos. Confiando demasiado en sí mismos, habían olvidado pedir el consejo de Dios y, dado que en el campamento había pecado, el ejército fue derrotado.

A menudo, después de una gran victoria llega una prueba difícil. Moisés e Israel cruzaron el Mar Rojo en gran victoria, y vieron cómo los ejércitos egipcios se hundían bajo las aguas; pero tres días después, el pueblo tenía mucha sed, y el agua que encontraron era amarga. En lugar de confiar en el Dios que los había liberado, empezaron a quejarse. Sí, habían ganado la batalla, pero perdieron la victoria.

Después de que el Señor Jesús y sus apóstoles alimentasen a los cinco mil con unos pocos panes y peces, Jesús ordenó a los doce que subieran a la barca y pasaran al otro lado del Mar de Galilea. Estoy seguro de que aquellos hombres no querían abandonar a la multitud, porque en ese momento eran líderes muy populares. ¡Qué tremendo fue alimentar a tantísimas personas con tan poca comida! Cuando empezaron a cruzar el mar, se desató una tormenta y, al cabo de poco tiempo, los hombres estaban aterrados y dando gritos de miedo. En lugar de confiar en que Jesús los llevaría a la otra orilla a salvo, cedieron al desespero. En tierra, habían ganado la batalla; pero en el mar, perdieron la victoria.

Es significativo que inmediatamente de que Jesús fuera bautizado y Dios habló desde el cielo y el Espíritu Santo descendió en forma de paloma, Jesús fuera llevado por el Espíritu al desierto, donde sería tentado por el diablo. Una cosa es confiar en Dios cuando ves el Espíritu en forma de paloma, pero otra muy distinta es confiar en Él cuando tienes hambre, estás solo y eres víctima de las tentaciones. Sin embargo, Jesús no perdió la batalla; derrotó a Satanás de una vez por todas. Uno de los momentos más difíciles para nuestro Señor vino inmediatamente después de una experiencia de gozo, victoria y bendición.

Estoy seguro de que tu experiencia, al igual que la mía, demuestra que las grandes pruebas suelen venir después de las grandes victorias. Por este motivo es conveniente que sigamos el consejo de Andrew Bonar: "Seamos tan vigilantes después de la victoria como antes de la batalla". Pero intentemos comprender por qué Dios permite que esas pruebas pisen los talones a nuestros triunfos.

Para empezar, creo que el Señor sabe que *nuestras vidas necesitan un equilibrio*. De la misma manera que la creación está equilibrada con el día y la noche, el invierno y el verano, nuestras vidas se equilibran mediante diversos tipos de experiencias. Supone un gran consuelo saber que Dios tiene el control de las circunstancias de la vida cuando caminamos en obediencia a Él. Si hay una victoria, es Él quien nos la dio. Si hay una prueba después de la victoria, es Él quien la permitió. Nunca debemos temer las experiencias aparentemente contradictorias de la vida, porque nuestros tiempos están en sus manos.

No obstante, hay otro motivo por el que las pruebas a menudo vienen después de los triunfos: *las batallas nos ayudan a descubrir cuánto aprendimos realmente de las bendiciones*. Elías vio a Dios enviar fuego del cielo, pero aun así corrió para salvar su vida cuando la reina Jezabel amenazó con matarlo. ¿Es que el Dios que responde con fuego no es capaz de proteger a su siervo? ¡Por supuesto que sí! O pensemos en los apóstoles; vieron a Jesús multiplicar unos panes y unos peces y se dieron cuenta del poder que poseía, ¡pero incluso así no confiaban en Él para que los salvara en medio de la tormenta!

La batalla nos muestra lo que Dios puede hacer; pero conservar la victoria nos demuestra de qué estamos hechos tú y yo en realidad. Durante la batalla conocemos mejor a Dios, pero durante la victoria nos conocemos mejor a nosotros mismos. Elías descubrió el poder de Dios en el monte Carmelo, y sus propias debilidades en el monte Horeb. Los discípulos vieron el poder de Cristo en la tierra, y su propia incredulidad en el mar. El milagro de alimentar a los cinco mil fue la lección del día; pero la tormenta fue el examen después de la lección. Con demasiada frecuencia, aprendemos la lección solo después de haber reprobado el examen.

Esto nos lleva a una verdad básica que espero que nos

ayude a todos en los días venideros: *nunca dudes, durante la victoria, de lo que Dios te ha enseñado durante la batalla.* Cuidado con la confianza excesiva. Cuando empieces a confiar demasiado en ti mismo, vuélvete al Señor y ruega que te dé su gracia y su misericordia, porque el exceso de confianza abre la puerta al enemigo para que nos arrebate la victoria. Por eso Jesús dijo: "Velad y orad". ¡Mantén los ojos abiertos! No confíes en la carne, por muy bien que te sientas. La mayor parte de nuestras pérdidas no se producen durante la batalla, sino después de la victoria.

15

El mapa

¿Sigue Dios guiando hoy a su pueblo? Es evidente que guió a Abraham, a Moisés y al apóstol Pablo. Pero ¿y a nosotros? ¿Podemos acudir al Señor y pedirle que nos dé la dirección que necesitamos para tomar las decisiones de esta vida? La Palabra de Dios dice que sí podemos: "Fíate de Jehová de todo tu corazón, y no te apoyes en tu propia prudencia. Reconócelo en todos tus caminos, y él enderezará tus veredas" (Pr. 3:5-6).

Cuanto más vivimos, más conscientes somos de nuestra necesidad de que Dios nos guíe. El profeta Jeremías lo dice muy claramente cuando escribe: "Conozco, oh Jehová, que el hombre no es señor de su camino, ni del hombre que camina es el ordenar sus pasos" (Jer. 10:23). Tú y yo por nuestra cuenta cometemos errores y nos perdemos; pero si dejamos que el Señor nos dirija, el camino se abre. El primer paso para obtener la guía del Señor para nuestras vidas es admitir que la necesitamos. Si nos creemos autosuficientes, Dios no nos puede guiar. Pero si admitimos nuestras propias limitaciones y las confesamos a Dios, Él puede guiarnos. Para obtener guía hace falta fe. Esto es así incluso en las actividades cotidianas de la vida. La mayoría hemos tenido la experiencia de estar en un lugar desconocido intentando localizar una dirección. Normalmente paramos a alguien que va por la calle o intentamos encontrar a un policía para pedirle información. Tenemos fe en que el desconocido al que preguntemos nos indicará cómo llegar al lugar correcto. Si tomamos una decisión sobre un problema concreto de la vida, normalmente acudimos a un experto (un médico, un abogado o un banquero) y confiamos en que nos dará el consejo idóneo.

Por eso Proverbios 3:5-6 empieza con la fe: "Fíate de Jehová de todo tu corazón…". Dios quiere que le confiemos nuestras vidas, y nos promete que jamás nos extraviaremos. En el Salmo 23, David lo explica así: "Me guiará por sendas de justicia por amor de su nombre". Sin duda podemos confiar en el Señor, porque Él es omnisciente, nos ama y nunca nos llevará por un camino erróneo. Tiene un plan perfecto para nuestras vidas, y quiere que lo sigamos.

Como es lógico, no te puedes fiar de alguien a quien no conoces. Si quieres que Jesucristo te guíe, debes conocerlo como Salvador y Señor de tu vida. Cuando te entregas a Cristo, Dios se convierte en tu Padre, Cristo en tu pastor y el Espíritu Santo en tu maestro; juntos te dirigen hacia la voluntad de Dios. El incrédulo camina en las tinieblas, pero el hijo de Dios camina en la luz. "Mas la senda de los justos es como la luz de la aurora, que va en aumento hasta que el día es perfecto" (Pr. 4:18).

Sin embargo, Proverbios 3:5 indica que nuestra fe en el Señor no debe ser tibia, sino total: "Fíate de Jehová de todo tu corazón…". Santiago nos recuerda que "el hombre de doble ánimo es inconstante en todos sus caminos". Además, Jesús nos advierte que nadie puede servir a dos señores. Si en nuestros corazones hay algún área de desobediencia o de rebelión, Dios no nos guiará. Pero si nos entregamos totalmente a Él, ha prometido que guiará nuestros pasos. Pero esto conlleva una advertencia: "y no te apoyes en tu propia prudencia".

Cuando Dios nos advierte que no nos "apoyemos" en nuestra propia prudencia, no sugiere que dejemos de usar nuestro cerebro. Muchas personas tienen la extraña idea de que la guía de Dios se nos transmite mediante sentimientos, voces o circunstancias mágicas, pero este no es el caso. Dios comunica su verdad a nuestras mentes por medio de su Palabra. A menudo la Biblia habla de amar a Dios con nuestra mente o de dejar que el Espíritu Santo renueve nuestro entendimiento. Cuando Dios nos guía, no deja nuestra mente a un lado, sino que la usa.

La advertencia en este caso es que no *dependamos* de nuestros propios razonamientos naturales. El profeta Isaías nos recuerda que los pensamientos de Dios no son los nuestros, y que sus caminos no son nuestros caminos. ¡Es absurdo pensar que la mente natural pueda competir con la mente de Dios! Fiarte de tu propia prudencia significa depender de tu propia experiencia, tu forma de pensar, y no someterte a la voluntad de Dios. Sin duda que Dios quiere que yo piense y sopese la cosas a la hora de tomar decisiones en la vida, pero no quiere que dependa del todo de mi propio razonamiento.

Tomemos algunos ejemplos bíblicos de este principio. Cuando el joven David se presentó en el campamento militar para descubrir que Goliat asustaba a los soldados, inmediatamente se ofreció a retarlo a duelo. David había visto cómo Dios le ayudaba a matar leones y osos, y sabía que Dios podía derrotar al gigante. Pero los hermanos de David se burlaron de él, y el rey Saúl intentó vestirlo con una armadura que ni siquiera le quedaba bien. Aquellos hombres se fiaban de su propio entendimiento; David seguía la dirección de Dios.

Cuando los soldados arrestaron a Jesús en el huerto de Getsemaní, Pedro intentó defenderle con su espada. Parecía lo más razonable, pero a los ojos de Dios estaba mal. Jesús reprendió a Pedro y luego sanó el mal que había hecho.

Hay momentos en que lo razonable no es necesariamente lo que la Biblia dice que hay que hacer. A Noé quizá le pareciese irracional construir un barco en tierra seca, y a Josué dar vueltas a Jericó durante una semana, pero eran cosas previstas en la voluntad de Dios.

Cuando leamos nuestras Biblias y oremos, descubriremos que el Espíritu de Dios renueva nuestras mentes y nos ayuda a tener los pensamientos de Dios. Él se comunica con nuestras mentes por medio de su Palabra. Debemos fiarnos de su revelación divina, no de nuestra inteligencia natural. A Dios no le complace la ignorancia, pero tampoco depende de nuestro coeficiente intelectual. Si queremos que Dios nos guíe, debemos cumplir dos requisitos: confiar y obedecer. "Fíate de Jehová de todo tu corazón, y no te apoyes en tu propia prudencia". Eso es confianza. Y Proverbios 3:6 dice: "Reconócelo en todos tus caminos, y él enderezará tus veredas". Eso es obediencia. La verdadera fe siempre lleva a la obediencia a la voluntad divina. Noé creyó a Dios y lo demostró obedeciéndole y construyendo un arca. Abraham creyó a Dios y lo demostró abandonando su tierra natal y trasladándose a una tierra desconocida.

Fíjate en la repetición del término *todo* en Proverbios 3:5-6: "de todo tu corazón… en todos tus caminos…". Si obedecemos a Dios en las cosas en las que Él se nos ha revelado, podemos estar seguros de que nos guiará en aquellas otras que no nos ha revelado todavía. Si hacemos lo siguiente que nos manda hacer, Él nos revelará más de su voluntad en los días venideros. Dios no revela su voluntad de una sola vez, sino un paso tras otro, un día tras otro. En Juan 7:17, Jesús dijo: "El que quiera hacer la voluntad de Dios, conocerá si la doctrina es de Dios…". F. W. Robertson solía decir que la obediencia es el órgano del conocimiento espiritual. No entendemos la voluntad de Dios y luego la obedecemos; obedecemos la voluntad de Dios y entonces Él nos da entendimiento.

Lo que impide que Dios guíe nuestras vidas es la desobediencia, el pecado. "Si en mi corazón hubiese yo mirado a la iniquidad, el Señor no me habría escuchado" (Sal. 66:18). Cuando buscas la dirección de Dios para tu vida, no cabe duda de que quieres leer la Biblia y orar, porque Dios usa la Palabra y la oración para hablarnos. Pero es igual de importante que obedezcamos a Dios y le reconozcamos en todo lo que hacemos. Si hacemos algo que no se puede usar para reconocer y honrar a Dios, entonces estamos fuera de su voluntad.

Dios tiene un mapa para nuestras vidas, y por su amor desea que lo sigamos, pero necesita nuestra cooperación. En el fondo, la fórmula de Proverbios 3:5-6 es bastante sencilla: confiar y obedecer. "Fíate de Jehová de todo tu corazón, y no te apoyes en tu propia prudencia. Reconócelo en todos tus caminos, y él enderezará tus veredas".

16

Guía básica para orar

Uno de los mayores privilegios que tenemos es la oración. Cuando los discípulos vieron orar a Jesús, le dijeron: "Señor, enséñanos a orar". Cuando éramos pequeños, a ti y a mí nos enseñaron algunas oraciones, y ahora necesitamos que nos enseñen a orar. La oración es mucho más que las palabras que salen de los labios; la oración es la expresión de los deseos del corazón. John Bunyan dijo: "Cuando ores, es preferible que tu corazón quede sin palabras a que tus palabras se expresen sin corazón". La Biblia contiene muchas promesas, pero quiero que meditemos solamente en una, Juan 15:7: "Si permanecéis en mí, y mis palabras permanecen en vosotros, pedid todo lo que queréis, y os será hecho".

Los discípulos estaban muy tristes. Jesús se había reunido con ellos en el aposento alto y les había dicho que les iba a dejar solos. Durante tres años les había enseñado, guiado, protegido e incluso alimentado, y ahora los abandonaba. En ese último mensaje antes de la cruz, Jesús les explicó cómo cuidaría de ellos desde el cielo; y una de sus promesas fue que respondería a sus oraciones. En la maravillosa promesa de Juan 15:7 encontramos tres factores: permanecer, pedir y responder.

En Juan 15, Jesús usa la palabra *permanecer* unas once veces. Su ilustración habla de una vida y unos pámpanos. Los pámpanos están unidos a la vid y de esta extraen vida y fortaleza. Lo único que tiene que hacer el pámpano es permanecer, mantenerse en contacto con la vid, y entonces dará fruto. Tú y yo, como cristianos, estamos unidos a Cristo por la fe. Pero junto con esta unión debe haber comunión; debemos tener relación con Cristo y extraer vida y fuerzas de Él. Permanecer en Cristo significa, sencillamente, mantener la comunión con Él; y esto lo hacemos por medio de la Palabra de Dios, la adoración y la obediencia. Si le desobedecemos, rompemos esa comunión y no podemos orar. Pero si le obedecemos y permitimos que su Palabra controle nuestras vidas, podemos orar y Dios nos responderá.

Esta permanencia tiene dos caras: permanecemos en Cristo y su Palabra permanece en nosotros. Si tú y yo pasamos un tiempo cada día con la Palabra de Dios, podemos hablar con Él de nuestras necesidades y pedirle su ayuda. Cuando abro la Biblia, Dios me habla. Cuando oro, soy yo quien habla con Dios. ¡Es mucho más importante que escuche a Dios que Él me escuche a mí! Uno de los secretos de la oración respondida es la permanencia en la Palabra y la actitud de permitir que esta permanezca en ti. Pasar tiempo leyendo la Biblia es como pasarlo conversando con un querido amigo.

Es trágico ver cuántos cristianos descuidan su comunión con el Señor. Empiezan corriendo cada día sin tomarse un tiempo para leer la Biblia o hablar con Dios. Luego se preguntan por qué surgen problemas y por qué Dios no responde a sus oraciones.

La segunda faceta de la oración es la *petición*. "Si permanecéis en mí, y mis palabras permanecen en vosotros, pedid todo lo que queréis, y os será hecho". La oración es mucho más que pedir; también conlleva alabar a Dios, dar gracias, adorarle y entregarse a Él. Pero la petición es una parte importante de la oración. Jesús dijo: "Pedid, y se os dará". Y Santiago escribió: "No tenéis lo que deseáis, porque no pedís" (Stg. 4:2).

¿Qué derecho tenemos de pedirle nada al Dios todopoderoso? ¿No es un poco presuntuoso que un débil ser humano le pida algo al Dios del universo? Hay dos respuestas para esta pregunta. Para empezar, no somos solamente "débiles seres humanos"; *somos hijos de Dios por medio de la fe en Jesucristo*. Jesús dijo en cierta ocasión: "Pues si vosotros, siendo malos, sabéis dar buenas dádivas a vuestros hijos, ¿cuánto más vuestro Padre celestial dará el Espíritu Santo a los que se lo pidan?" (Lc. 11:13). Dios escucha las peticiones de sus hijos. David escribió: "Los ojos de Jehová están sobre los justos, y atentos sus oídos al clamor de ellos" (Sal. 34:15).

Cuando yo era pequeño, los niños del vecindario siempre se reunían en nuestra casa. Recuerdo ocasiones en las que había quince o más niños en nuestro porche o en el patio. Mi padre y mi madre escuchaban el alboroto, pero sus oídos estaban sintonizados especialmente a las voces de sus cuatro hijos. Lo mismo pasa con Dios. Según dice el salmista, escucha las voces del mundo natural, las de los animales y las aves cuando piden comida. Y Dios escucha el clamor de las naciones en rebelión. Pero, por encima de todas las voces contrapuestas de este mundo, Dios escucha las voces de sus propios hijos. Tenemos derecho a pedir a Dios lo que necesitamos porque somos sus hijos por medio de la fe en Jesucristo.

Sin embargo, existe un segundo motivo por el que tenemos derecho a orar: *Dios nos ha invitado a hacerlo*. De hecho, nos lo ha ordenado. Sabe que en la vida no podemos tener éxito a menos que oremos, de modo que nos ha animado a orar. Podríamos pensar que este privilegio debe entusiasmarnos; sin embargo, de alguna manera nos descuidamos y no le pedimos lo que necesitamos.

Permanece en Cristo y luego pide lo que necesites. La oración es adoración; la oración es alabanza y acción de gracias; pero, sobre todo, la oración significa pedirle a Dios lo que necesitamos. Si permanecemos en Él, y sus palabras permanecen en nosotros, sabremos qué debemos pedir, y no oraremos de forma egoísta o absurda. Si nos olvidamos de permanecer, seguro que nos equivocaremos cuando pidamos. Pasa tiempo hablando con Dios. Cuéntale tus necesidades, tus problemas, los deseos de tu corazón, y pídele que te dé lo que Él sabe que es lo mejor. Si permaneces en Él, puedes pedirle lo que quieras y Dios responderá, porque la permanencia correcta lleva a la petición correcta.

La *respuesta* es el tercer aspecto de la oración en Juan 15:7. A Dios le encanta responder a las oraciones, igual que los padres nos gusta satisfacer las necesidades de nuestros hijos cuando nos piden cosas. John Newton escribió en uno de sus himnos:

> Aunque vayamos al rey
> con largas peticiones,
> su poder y su gracia son tales
> que nunca podemos pedir demasiado.

Podemos imaginar a aquellos discípulos desanimados, en aquel aposento alto, escuchando a Jesús mientras les hablaba de la oración. Hasta entonces lo cierto es que no habían tenido que orar. Jesús estaba a su lado, y podían acudir inmediatamente a Él con sus problemas. Pero ahora les iba a abandonar, y les prometió que satisfaría sus necesidades si tan solo ellos permanecían en Él y pedían.

Se ha dicho acertadamente que la oración no consiste en superar la desgana que siente Dios para conceder algo, sino en acceder a su buena disposición. De niños aprendimos rápidamente cómo abordar a nuestros padres para pedirles lo que necesitábamos. Descubrimos que había cosas que nunca debíamos pedir, porque seguro que nos dirían que no. Lo mismo pasa con Dios: cuando le pedimos lo que ha prometido darnos, responde a nuestras oraciones y satisface nuestra necesidad. Por eso la Biblia es tan importante para la oración; nos dice lo que Dios quiere darnos. La Biblia es nuestro talonario espiritual, y nuestras oraciones son los cheques que extendemos, aprovechando los recursos infinitos de Dios.

Quizá el problema más importante en la oración es la demora. Exponemos a Dios nuestras necesidades, confiamos en que obre y, sin embargo, parece que no pasa nada. Dios sabe cómo y cuándo responder a las oraciones. El reloj de Dios nunca necesita que nadie le dé cuerda o corrija la hora; Dios siempre sabe qué hora es. Alguien ha dicho, con razón, que "las demoras de Dios no son sus negaciones". Los caminos de Dios no son nuestros caminos, y Él sabe lo que es mejor.

Cuando decidas orar, empieza con la permanencia y deja que la Palabra de Dios entre en tu corazón y te purifique. Luego haz las peticiones; dile a Dios lo que tienes en el corazón. Deja todo en sus manos y Él se ocupará de responderte en el momento que crea más conveniente.

17

La fortaleza para continuar

Uno de los grandes personajes de la historia es el profeta Isaías. Ministró a su pueblo en un momento en que la nación padecía la decadencia interna y una invasión externa. Vio la llegada de los cuantiosos ejércitos babilonios y supo que destruirían Jerusalén, llevarían cautivo a su pueblo y dejarían el país en ruinas. Pero en medio de toda esa confusión y desánimo, Isaías recibió un mensaje de Dios. Fue un mensaje de esperanza y de ánimo para su pueblo sufriente: "Pero los que esperan a Jehová tendrán nuevas fuerzas; levantarán alas como las águilas; correrán, y no se cansarán; caminarán, y no se fatigarán" (Is. 40:31). Esta es una promesa destinada a unas personas que están dispuestas a abandonar.

Hay momentos en que la vida se pone difícil y sentimos deseos de tirar la toalla. Todo nos presiona y el futuro se ve muy negro. En lugar de empezar cada día con emoción y expectativas positivas, lo hacemos con cansancio y depresión. Estamos a punto de desmayar. Cuando algunas personas se sumen en estas experiencias difíciles de la vida, recurren a algún sustituto (la bebida, las drogas o el ocio) tan solo para descubrir que tales cosas nunca les pueden ayudar a seguir adelante. Hay personas desanimadas, abatidas, que incluso piensan en quitarse la vida.

En esos momentos difíciles de la vida, cuando sientas que desmayas y tengas deseos de abandonar, recurre a esta magnífica promesa de Isaías 40:31. Meditemos en lo que significa para nosotros hoy.

Antes que nada, Dios nos promete *que nos ayudará a volar.* En nuestras vidas hay momentos en los que la única solución es volar, planear sobre los problemas de la vida y contemplarlos desde el punto de vista divino. Dios quiere convertirnos en águilas, pero en ocasiones preferimos arrastrarnos como hormigas. ¡Qué tragedia! Dios puede levantarte por encima de esas circunstancias difíciles que te han atrapado. Esto no quiere decir que las ignores o las olvides, sino que te remontes por encima de ellas y obtengas la perspectiva celestial. El águila es capaz de recorrer kilómetros por el cielo y, cuando haces eso, las cosas de este mundo empiezan a parecer mucho más pequeñas. Sí, amigo mío, Dios promete que te hará volar.

Por supuesto, si no conoces a Cristo como tu Salvador, no puedes reclamar esta maravillosa promesa. Si ese es el caso, el primer paso que debes dar es humillarte ante su presencia y entregarle tu corazón por fe. Entonces podrás pedir a Dios que te haga volar, y Él te dará alas y la victoria.

Dios no solo promete que nos hará volar, sino también que *nos ayudará a correr.* Todos nosotros sabemos lo que es estar cansados. Hay momentos en los que tenemos que seguir corriendo, horas de crisis en las que, sencillamente, no podemos abandonar. Quizá trabajas todo el día y luego vas a visitar a un ser querido que está en el hospital, o a cuidar de un amigo, y luego vuelves a casa para asumir tus responsabilidades domésticas; y el ciclo se repite un día tras otro. Es entonces cuando Dios nos promete que nos dará las fuerzas para correr sin cansarnos.

Los médicos nos dicen que esas horas de emergencia en nuestra vida liberan en nuestro cuerpo una fortaleza que no sabíamos que teníamos. Nuestras glándulas se ponen en marcha y liberan más energía al torrente sanguíneo, y somos capaces de hacer cosas increíbles. Si esto es así físicamente, lo es incluso más espiritualmente. En las emergencias de la vida, cuando estamos seguros de que no podemos seguir adelante, Dios nos permite correr sin cansarnos. Simplemente seguimos adelante para cumplir los propósitos que Dios tiene para nuestras vidas.

Pero aquí hallamos una tercera promesa: Dios nos promete ayudarnos a volar y a correr, pero también que *nos ayudará a caminar*. "Caminarán, y no se fatigarán". Francamente, creo que resulta más difícil seguir caminando que volar. De alguna manera, durante esos momentos de crisis en la vida nos volvemos al Señor y descubrimos su poder para ayudarnos a sobrevolar los problemas. Las emergencias de la vida provocan emoción y suponen un reto especial; pero ¿qué hay de la rutina cotidiana? Una cosa es remontarse con alas de águila, o correr y no cansarse, pero ¿qué pasa si tenemos que caminar, caminar, caminar un día tras otro?

Una amiga mía tenía una criada que a menudo recurría a dichos curiosos. Un día le dijo a mi amiga: "¿Sabe? El problema de la vida es que ¡es tan cotidiana!". Es cierto, es cotidiana (la vida llega a nosotros un día tras otro), pero Dios nos ha prometido darnos la fortaleza que necesitamos cada día de modo que caminemos sin desmayar. Puede que tu rutina diaria no tenga nada de romántico, pero es importante para ti, para Dios y para otros que dependen de ti.

Dios puede ayudarte a volar, correr y caminar, pero hay algo que debes hacer. Isaías 40:31 dice: "Pero los que *esperan* a Jehová tendrán nuevas fuerzas...". Esperar al Señor es el secreto de seguir adelante cuando sientes deseos de darte por vencido.

¿Qué significa esperar al Señor? Primero, debemos pasar tiempo en su presencia, con adoración y oración. Tú y yo tendemos a ser impulsivos y a correr más que Dios.

Si esperamos al Señor y estamos quietos en su presencia, obtendremos la sabiduría y la fuerza que necesitamos para seguir caminando día tras día. "Aguarda a Jehová; esfuérzate, y aliéntese tu corazón; sí, espera a Jehová" (Sal. 27:14). ¡Qué diferencia más grande cuando calmamos nuestros corazones delante de Dios, leemos su Palabra, hablamos con Él en oración y esperamos pacientemente su fortaleza!

La expresión *tendrán nuevas fuerzas* de Isaías 40:31 significa en realidad "intercambiar". "Los que esperan al Señor intercambiarán sus fuerzas…". Cambiamos nuestras fuerzas por las suyas. Entregamos nuestras pilas de bolsillo ¡y recibimos su generador! Él tiene toda la fortaleza que necesitamos para seguir adelante, y no hay motivos para que nos demos por vencidos. Si te estás planteando rendirte, te ruego que dediques un tiempo a meditar en la promesa de Isaías 40:31. Espera delante del Señor y deja que Él te tranquilice. Cambia tu debilidad por su fuerza, y pasa un tiempo cada día delante de su presencia. Te sorprenderán los cambios que verás en tu vida. En lugar de desanimarte volarás, te remontarás con alas como las de las águilas; correrás y no te cansarás; caminarás y no te fatigarás.

18

La victoria sobre el temor

En cierta ocasión, una señora se acercó a D. L. Moody y le dijo que había encontrado en la Biblia una promesa maravillosa que le ayudó a superar el temor. El versículo que citó fue el Salmo 56:3: "en el día que temo, yo en ti confío". El Sr. Moody le respondió: "¡Vaya, pues yo tengo una promesa mejor que esa!". Y citó Isaías 12:2: "He aquí Dios es salvación mía; me aseguraré y no temeré". El Sr. Moody tenía una promesa mejor.

En nuestros tiempos, cuando es tan fácil asustarse, cabe recordar estas palabras de Isaías 12:2. Jesús nos dijo que en los últimos tiempos los corazones de los hombres desfallecerán por temor a las cosas que están a punto de suceder, y creo que hoy día somos testigos del cumplimiento de una parte de esa profecía. Los psicólogos escriben libros y artículos de revistas sobre cómo vencer el temor.

Hay algunos tipos de miedo que son beneficiosos para nosotros. Advertimos a nuestros hijos que no se acerquen por las calles más transitadas, y les transmitimos un temor correcto, el de que los pueda atropellar un coche. Por supuesto, con el paso del tiempo ese miedo infantil se verá sustituido por el sentido común de una persona más madura, pero hasta que eso ocurra no nos atrevemos a correr ningún riesgo. De hecho, el miedo al castigo es un fundamento para la disciplina. Puede que no sea el motivo más elevado para hacer el bien, pero al menos nos ayuda a dar los primeros pasos.

A menudo la Biblia habla del temor al Señor. Nos dice que "el temor de Jehová es el principio de la sabiduría", y que "el temor del Señor es manantial de vida". Por supuesto, ese temor significa un respeto y una reverencia correctos hacia Dios. No es el miedo que paraliza a un esclavo ante un amo brutal, sino el respeto que debe tener un hijo por un padre que le ama. Es el tipo de temor que abre el camino hacia una vida abundante en Cristo.

El tipo de temor del que habla Isaías 12:2 es el que paraliza a las personas, el miedo que se mete en el corazón y en la mente creando tensión e inquietud, y que impide a una persona disfrutar de la vida y hacer lo mejor que pueda. Cada semana conozco a personas que tienen miedo a la vida, a la muerte, al pasado, al futuro… de hecho, son personas cuyas vidas son esclavas del pecado.

Jesucristo nunca quiso que fuésemos esclavos del temor. Es emocionante leer la Biblia y descubrir cuántas veces Dios dice a las personas que "no teman". Cuando los ángeles se aparecieron a los pastores para anunciar el nacimiento de Cristo en Belén, sus primeras palabras fueron: "No temáis". Cuando Pedro cayó a los pies de Jesús pidiéndole que se apartara de él porque era hombre pecador, Jesús le dijo: "no temas". Cuando Jairo recibió la mala noticia de que su hija acababa de morir, Jesús le dijo: "No temas, cree solamente…". Jesucristo quiere que dominemos el temor, y tiene poder para ayudarnos a ganar esa batalla.

¿Qué provoca temor en nuestra vida? A veces el miedo es fruto *de una conciencia culpable*. Cuando Adán y Eva pecaron, se sintieron culpables y tuvieron miedo, de modo que intentaron esconderse de Dios. Shakespeare tenía razón cuando dijo: "La conciencia nos convierte a todos en cobardes". Siempre que desobedecemos a Dios, perdemos nuestra comunión estrecha con Él, y esa soledad espiritual genera temor. Nos preguntamos si alguien sabe lo que hemos hecho. Nos preocupa que nos descubran, y esperamos que de nuestros pecados no se desprendan consecuencias trágicas. Por supuesto, la solución para ese problema es buscar el perdón de Dios. Dios promete que limpiará nuestros pecados si los confesamos y renunciamos a ellos.

A menudo, el miedo es consecuencia de la *ignorancia*. Los niños tienen miedo de noche porque las sombras les parecen gigantes, osos y fantasmas. Pero incluso los adultos pueden tener miedo cuando no saben qué está pasando. A veces la preocupación por el futuro, ya sea por nosotros o por nuestros seres queridos, da pie al miedo. Otra causa es *nuestra sensación de debilidad*. Estamos tan acostumbrados a gestionar las cosas por nuestra cuenta que cuando se presenta una crisis a la que no podemos hacer frente, nos sentimos indefensos y asustados.

A veces el miedo nos asalta no antes de la batalla, ni siquiera en medio de ella, sino después de haber obtenido la victoria. A menudo se produce una repentina caída emocional, y el miedo se cuela en nuestra vida. Abraham tuvo esta experiencia en Génesis 15, después de haberse enfrentado a dos reyes poderosos y vencerlos. Aquella noche, cuando se fue a dormir, Abraham se preguntó si aquellos dos reyes volverían a desafiarle, y quizá traerían con ellos una fuerza superior. Fue entonces cuando Dios se apareció a Abraham y le dijo: "No temas, Abram; yo soy tu escudo, y tu galardón será sobremanera grande" (Gn. 15:1).

Pero cuando estudiamos todos los casos e intentamos comprender la raíz del miedo, hay una verdad que destaca claramente: *la verdadera causa del miedo es la incredulidad*. Después de calmar una tempestad que había asustado a sus discípulos de una manera impresionante, Jesús les dijo: "¿Por qué teméis, hombres de poca fe?". El miedo y la fe nunca se llevan bien; si tenemos miedo, es señal de que no tenemos fe. Por eso, Isaías 12:2 dice: "He aquí Dios es salvación mía; me aseguraré y no temeré".

El secreto de la victoria sobre el miedo es la fe en Dios. No hay ningún problema tan grande que Dios no pueda resolver, ninguna carga tan pesada que no pueda llevar, ninguna batalla tan difícil que no pueda librar y vencer. Dios es lo bastante grande para conquistar a los enemigos que nos arrebatan la paz y dejar atrás el temor que paraliza. Isaías 12:2 no dice: "Cuando tenga miedo, confiaré"; dice: "me aseguraré y no temeré". La fe no es una mera medicina para acabar con la enfermedad; la fe es un poder espiritual que impide que nos infectemos antes de enfermar.

Fíjate lo que dice primero el profeta: "he aquí Dios es salvación mía". Si quieres vencer el temor, aparta tus ojos de ti mismo y de tus sentimientos, y de los problemas que te acosan, y fija la vista en Dios. Los espías judíos del Antiguo Testamento se asustaron cuando exploraron la Tierra Prometida, porque vieron gigantes y murallas altas y, al compararse con aquellos obstáculos, se sintieron como langostas. Los soldados enemigos *eran* altos, los muros *eran* altos, pero Dios estaba muy por encima de ellos. Si los espías hubieran levantado un poco más la vista para ver a Dios, no habrían sentido miedo. De modo que el primer paso para vencer el temor es *mirar a Dios por fe*. Adora a Dios, contempla de nuevo su grandeza y su gloria, y date cuenta de que sigue en el trono. El segundo paso consiste en *reclamar la Palabra de Dios*. La fe viene por el oír, y por oír la Palabra de Dios. Cuando lees la Biblia, tu fe crece. Descubres que Dios siempre ha sido suficiente para satisfacer las necesidades de su pueblo.

El tercer paso es *orar y someterse al Espíritu Santo*. Cuenta a Dios tus temores, dile que en realidad esos miedos son evidencias de incredulidad y, como hizo aquel hombre atribulado en el relato del Evangelio, pide a Dios que ayude tu incredulidad. Entrégate al Espíritu Santo de Dios, porque el Espíritu puede obrar en ti para alejar el temor y darte la paz. En 2 Timoteo 1:7 dice: "Porque no nos ha dado Dios espíritu de cobardía, sino de poder, de amor y de dominio propio". El Espíritu Santo que vive en tu interior puede darte poder frente a tu debilidad; puede generar amor; puede aportar orden y disciplina a tu mente. El Espíritu Santo es el psicólogo de Dios, de modo que ponte en sus manos.

Uno de los ministerios del Espíritu de Dios es hacer que Jesucristo sea real en nuestra vida. Cuando ores y leas la Palabra, el Espíritu te dará una comprensión espiritual de Jesucristo, que se volverá muy real para ti. Incluso en medio de las tormentas y las pruebas, Jesucristo acude con paz y valor para ti.

No hay motivos para que tengas miedo. El miedo solo te roba, te golpea y te paraliza. Jesucristo puede llevarse tu temor y darte paz. "He aquí Dios es salvación mía; me aseguraré y no temeré".

19

La lanzadera del tejedor

Hace siglos un poeta romano escribió tres famosas palabras: "El tiempo vuela". Pero una persona no tiene que ser poeta o filósofo para saber que el tiempo nunca se detiene. Otro poeta ha dicho: "¿Qué dices, que el tiempo pasa? Ah, no, el tiempo se queda; somos nosotros quienes pasamos". Quizá tenga razón. La Biblia tiene mucho que decir sobre el tiempo y sobre el hecho de que aquel se marcha rápidamente. Leamos Job 7:6: "Y mis días fueron más veloces que la lanzadera del tejedor, y fenecieron sin esperanza".

A medida que envejecemos, nos parece que el tiempo pasa con mayor velocidad. Parece que, en cuanto hemos acabado con las compras de Navidad, ya hacemos las maletas para las vacaciones de verano. Luego los niños vuelven a la escuela y, antes de que nos demos cuenta, ya han llegado de nuevo las vacaciones. Cuando lleno mi agenda cada mes, me maravilla ver cómo transcurre el tiempo con tanta velocidad. Por supuesto, hay personas a las que les parece que el tiempo va a paso de tortuga, pero, para la mayoría de nosotros, las palabras de Job son aplicables a nuestras vidas.

Mi esposa y yo íbamos a menudo de vacaciones a una pequeña aldea situada en un monte, que tenía distintas tiendas donde vendían artículos para hacer manualidades. Era una delicia pasear por los molinos y ver cómo los trabajadores hacían funcionar los antiguos telares. Si Job pensaba que las lanzaderas de los telares de su época eran rápidas, ¡debería ver las que tenemos hoy! La lanzadera pasa entre los hilos a toda velocidad, y vuelve tan rápido que apenas se la puede ver. Job ha elegido una buena imagen de la rapidez de la vida humana.

El hecho de que actualmente la vida se mueva con tanta celeridad ha generado algunos problemas nuevos. De entrada, tú y yo ya no tenemos tiempo para comprender y aceptar cosas que nuestros padres y nuestros abuelos hicieron tiempo atrás. Hoy día, cuando sucede algo, el mundo entero tiene conocimiento en pocos minutos; y están pasando tantas cosas que siempre nos bombardean con noticias, cambios y amenazas. Un escritor ha definido esto como "el trauma del futuro". Los médicos nos dicen que en realidad las personas se están poniendo enfermas, física y emocionalmente, debido al estrés de la vida y a la velocidad de los cambios.

Hay diversas maneras de gestionar este problema. Una es retirarse al pasado y dejar que el mundo siga felizmente adelante. Pero los cristianos no podemos hacer esto. Tenemos un ministerio para el mundo, y no podemos detener el planeta y bajarnos. La nostalgia por los viejos tiempos está bien durante un rato, y no tiene nada de malo, pero para el cristiano comprometido, la nostalgia nunca puede ser una forma de vida. Otro enfoque posible es el de resistirse al cambio e intentar aminorar el ritmo de la lanzadera, pero es una actividad condenada al fracaso. Intentar reducir la velocidad de las fuerzas del cambio en el mundo moderno es tan inútil como intentar parar un avión a reacción usando un tirachinas.

No, el cristiano tiene que vivir la vida dentro del contexto del mundo real; debe confiar en que Cristo le dará la paz y las fuerzas que necesita día tras día. A Dios no le afecta el tiempo ni el cambio; es el gran Yo Soy. Jesucristo es el mismo ayer, hoy y por los siglos. La Palabra de Dios está afirmada para siempre en el cielo. El cielo y la tierra pasarán, pero su Palabra nunca pasará. De modo que si la vida se mueve demasiado rápido para tu gusto, no te resistas ni cedas a ella. En lugar de eso, ponte en manos de Cristo y deja que el tiempo obre a tu favor y no en tu contra.

"Y mis días fueron más veloces que la lanzadera del tejedor". Cuando Job dijo estas palabras, estaba pasando por un mal momento, de modo que no es de extrañar que añadiese: "y fenecieron sin esperanza". La situación de Job parecía bastante desesperada. Había perdido su riqueza y a su familia debido a una serie de acontecimientos trágicos. Luego perdió la salud. A su alrededor todo se desmoronaba, y no lograba ver una luz en medio de las tinieblas. Cuando intentaba conectar con Dios, parecía que incluso Él estaba lejos.

Cuando estoy enfermo o paso por dificultades, parece que el tiempo se ha detenido. Recuerdo ocasiones en las que me estaba recuperando en el hospital y en las que los días parecían desplazarse como tortugas agotadas, y yo quería que se aceleraran como locomotoras. Job era un hombre enfermo, y sus circunstancias eran difíciles, pero aun así se quejaba de que sus días transcurrían demasiado rápido. De hecho, todo el capítulo 7 del libro de Job está dedicado a la velocidad de la vida humana. Job compara su vida a un viento y a una nube, que está aquí y dentro de un instante ya se ha ido. En los dos capítulos siguientes se compara la vida con una sombra, o con un barco que aparece y luego se va. Es una flor que se abre y luego se marchita.

Pero quizá Job percibió algo bueno en la celeridad de la vida. Primero, dado que la vida transcurre rápido, nuestras circunstancias cambiarán. No sabemos cuántos días transcurrieron en la historia de Job, pero sí que un día Dios apareció en la escena, y Job acabó disfrutando de unas condiciones mejores que cuando empezó.

Segundo, dado que nuestras vidas son como la lanzadera de un tejedor, en ellas vemos un patrón y un propósito. Dios controla la lanzadera y tiene un diseño para nuestras vidas. Esto debería animarnos por muy difíciles que se presenten los días. Mientras Dios esté en el trono, ¡hay esperanza!

¿Alguna vez has mirado un telar por el reverso? Lo cierto es que no tiene nada de bonito. Una vez acaba su trabajo, el tejedor saca la pieza del telar, corta los hilos que sobran y da los últimos retoques a la manta, el suéter o lo que haya tejido.

Tú y yo seguimos en el telar. Dios aún no ha acabado con nosotros. Cuando tú y yo contemplamos el proceso, vemos que la lanzadera se desplaza a toda velocidad por el telar, y percibimos la sombra de un diseño, pero solo el tejedor puede ver el producto final. Nunca juzgues al tejedor basándote en un producto inacabado. No te enfades con Dios porque no estás de acuerdo con su elección de colores o de dibujos. Tú y yo no podemos ver la imagen global; solo Dios puede verla. Y no te disgustes con la vida porque el diseño no es el que querías. El tejedor sabe lo que hace. Algunas personas intentan mejorar el proyecto, y acaban estropeándolo en lugar de embellecerlo.

Tampoco juzgues nunca a otra persona ni la des por perdida. Quizá seas padre o madre y te frustren tus hijos rebeldes; quizá seas un pastor o un misionero que llora por las personas que se rebelan contra Dios. Deja que el Tejedor divino gestione la situación. Lo que hoy nos parece un producto defectuoso puede convertirse, en manos de Cristo, en una obra hermosa. Él puede desenredar los hilos; puede desatar los nudos, y tejer la vida de tal manera que el producto definitivo glorifique su nombre. Sigue orando y confiando, y deja que el Tejedor haga el resto.

Sí, la vida es más rápida que la lanzadera de un tejedor,

pero yo no tengo miedo. El Tejedor tiene todo bajo control, y teje nuestras vidas conforme a su plan maestro. A veces nos desanimamos porque lo único que vemos es el reverso de la pieza. Pero Dios ve ambos lados, y hace que las cosas se coordinen para tu bienestar y para su gloria. Cuando acabe el tiempo y se detenga la lanzadera, cuando el Tejedor descuelgue la pieza del marco del telar, entonces tú y yo entenderemos por qué entretejió los hilos como lo hizo. Y cuando lo entendamos, nos postraremos y le adoraremos por su sabiduría y su bondad.

20

Ayuda, esperanza y felicidad

Un día, cuando estaba hojeando una vieja Biblia mía, descubrí una nota que había escrito en el margen el día 13 de agosto de 1957. En aquel momento estaba participando en una misión evangelística en Dinamarca, y la situación era realmente difícil. El versículo que señalé fue el Salmo 146:5: "Bienaventurado aquel cuyo ayudador es el Dios de Jacob, cuya esperanza está en Jehová su Dios". Estoy seguro de que en aquel momento este versículo me dio mucho ánimo, porque promete todo lo que necesita el cristiano: ayuda, esperanza y felicidad. Este versículo es como esos gráficos que hay en el dorso de las cajas de cereales, que hacen una lista de los alimentos necesarios para vivir cada día. Aquí tenemos los requisitos diarios básicos para la salud espiritual: la ayuda, la esperanza y la felicidad.

"Bienaventurado aquel cuyo ayudador es el Dios de Jacob...". Por capaces y eficaces que seamos tú y yo, hay momentos en que necesitamos ayuda. Yo carezco de habilidades mecánicas, de manera que cada vez que a mi coche le pasa algo tengo que depender del mecánico del garaje. Intento cuidar de mi salud, pero ha habido momentos en que he precisado la ayuda experta del médico o del cirujano. Tú y yo dependemos todo el día de la ayuda de otros;

las personas que trabajan en la compañía telefónica, los trabajadores que conducen autobuses y trenes, quienes imprimen los periódicos.

Sin embargo, hay Uno cuya ayuda está por encima de todas, y este es el Dios de Jacob. Dios puede hacer por nosotros lo que nadie más puede hacer. El Salmo 46:1 nos dice que Dios es "nuestro pronto auxilio en las tribulaciones". El salmista dijo: "Mi socorro viene de Jehová, que hizo los cielos y la tierra" (Sal. 121:2). Tú yo confiamos en las personas, pero estas nos fallan; a veces fallamos a otros. Pero cuando ponemos nuestra confianza en el Señor, Él nos proporciona el tipo de ayuda que nunca falla.

Aquí se llama a Dios "el Dios de Jacob", lo cual supone un gran estímulo para mí, porque Jacob siempre necesitó ayuda. Cuando engañó a su hermano y a su padre y tuvo que huir de su hogar, Jacob estaba solo en un mundo hostil. Sin embargo, Dios le protegió y le dirigió, satisfaciendo todas sus necesidades. Cuando otros hombres intentaron hacer daño a Jacob, Dios intervino y lo protegió. Dios cumplió sus propósitos para Jacob y le convirtió en el padre de las tribus de Israel. En ocasiones, Jacob fue un hombre desobediente pero, aun así, Dios le ayudó y le permitió seguir adelante.

De modo que aquí encontramos una palabra de ánimo para nosotros hoy: el Dios de Jacob es nuestro ayudador. Hebreos 13:6 dice: "El Señor es mi ayudador; no temeré lo que me pueda hacer el hombre". Echa tu carga sobre el Señor y, por fe, recibe la ayuda que solo Él puede darte. "Dios es nuestro amparo y fortaleza, nuestro pronto auxilio en las tribulaciones".

Hemos visto la ayuda que Dios nos presta; ahora pensemos en la esperanza. Es triste admitir que hay multitud de personas que no tienen esperanza. No tienen nada por lo que vivir, nada que esperar. A menudo recibo llamadas telefónicas de personas angustiadas a punto de acabar con todo; su vida se ha vuelto insoportable, y prefieren la muerte a seguir viviendo.

Cuando conoces a Jesucristo, siempre tienes esperanza. ¡Pablo nos dice que Jesucristo es nuestra esperanza! Para el cristiano, la esperanza no es un espejismo o un optimismo ciego. Nuestra esperanza en Cristo es una certidumbre. Hebreos 6:19 nos dice que nuestra esperanza en Cristo es un ancla, y un ancla nunca resbala ni se suelta. El cristiano se regocija en la esperanza porque sabe que el futuro en Cristo es seguro.

Nuestra esperanza en Cristo se fundamenta en la Palabra de Dios, la Biblia. Como confiamos en sus promesas, experimentamos su esperanza. Por oscuro que se ponga el día, aún contamos con la luz de su Palabra que nos anima. Cuando zarpó en su viaje para dar la vuelta al mundo, Fernando de Magallanes se llevó treinta y cinco brújulas. Un barco sin brújula está perdido, como lo está una vida sin esperanza. La Palabra de Dios es la luz que nos anima y la brújula que nos guía.

Por supuesto, si nunca has confiado en Cristo como tu Salvador, no tienes esperanza. Solo cuando te entregas a Él, llega la esperanza a tu corazón. El cristiano nunca debe perder la esperanza, porque tiene un Salvador que le conducirá al futuro. Incluso cuando pases por el valle de sombra de muerte, no tendrás miedo, porque Jesús estará a tu lado. Cuando le conoces, tienes ayuda y también esperanza, de modo que Él se encarga de gestionar el presente y el futuro. No es de extrañar que el cristiano sea feliz: "Bienaventurado aquel cuyo ayudador es el Dios de Jacob, cuya esperanza está en Jehová su Dios". ¿Qué es la felicidad? Actualmente disponemos de muchas definiciones ingeniosas y superficiales de lo que es la felicidad. Pero para una persona madura, la felicidad es algo mucho más profundo de lo que describen estas definiciones juveniles. La felicidad es esa sensación maravillosa de bienestar que tenemos cuando dependemos de la ayuda de Dios y vivimos conforme a su voluntad. Si dependemos de nuestra propia ayuda, al final fracasaremos; si vivimos para nuestra propia voluntad, nunca seremos realmente felices.

La felicidad es un subproducto. Si buscas la felicidad, nunca la encontrarás; pero si decides confiar en Cristo y obedecerle, la felicidad vendrá a tu encuentro. La felicidad no se compra ni se almacena. Jesús dijo: "La vida del hombre no consiste en la abundancia de los bienes que posee". De hecho, algunas de las personas más tristes que conozco confían en su riqueza acumulada. La felicidad nunca se encuentra en las cosas.

Tampoco se encuentra en las experiencias emocionantes, porque estas nunca duran. Doy gracias a Dios por los recuerdos felices, y los atesoro, pero Dios no quiere que nos enfrentemos a la vida mientras miramos el espejo retrovisor.

¿Qué necesitas ahora mismo? ¿Necesitas ayuda? "Bienaventurado aquel cuyo ayudador es el Dios de Jacob...", dice el Salmo 146:5. ¿Necesitas esperanza? "Bienaventurado aquel cuyo ayudador es el Dios de Jacob, cuya esperanza está en Jehová su Dios". Y cuando tengas la ayuda y la esperanza de Dios, también experimentarás su felicidad. Tendrás ayuda para hoy y esperanza para mañana porque confías en Cristo; y tendrás felicidad en tu corazón como un bendito subproducto de la gracia de Dios.

21

El eterno Consolador

Si ha habido un grupo de personas que hayan sentido que su mundo se había venido abajo, esos fueron los discípulos en el aposento alto. Jesús les dijo que uno de ellos le traicionaría y que Pedro le negaría. Luego les contó que les abandonaba para regresar con su Padre celestial. ¿Aquellos hombres podían albergar algún grado de ánimo o de esperanza? Sí, podían, porque Jesús les prometió: "Y yo rogaré al Padre, y os dará otro Consolador, para que esté con vosotros para siempre" (Jn. 14:16). Por supuesto, se refería al Espíritu Santo que vive en el corazón de cada creyente.

Usamos la palabra *consolador* para hablar de "alguien que se identifica con nosotros, que siente nuestras heridas como si fueran suyas". Pero el término tiene un sentido mucho más profundo que este. Yo podría mostrarte empatía y, en el fondo, no ayudarte de verdad jamás. La palabra traducida como "Consolador" en nuestro Nuevo Testamento significa realmente "llamar al lado de alguien". Quizá la traducción más precisa sería "el animador". El Espíritu Santo es nuestro animador, y está siempre con nosotros para ayudarnos a vivir para Cristo. Quien nos conforta es alguien que nos da la fortaleza necesaria para seguir adelante.

Jesús dijo a sus discípulos que el Padre les enviaría a "otro Consolador", y el adjetivo *otro* significa "otro del mismo tipo". El Espíritu de Dios ocupa el lugar del Hijo de Dios. Es igual al Hijo, y es capaz de animarnos igual que Jesús lo hizo con sus discípulos. He escuchado a cristianos que han dicho: "Si Jesucristo estuviera a mi lado como lo estuvo con los discípulos, ¡yo sería mejor cristiano!". Esta es una mala excusa. Para empezar, a pesar de que Jesús estaba junto a sus discípulos, ellos a menudo le fallaban. Y Jesucristo está con nosotros, mediante su Espíritu, en un sentido mucho más profundo de lo que estuvo jamás con sus discípulos mientras estuvo en este mundo. El Espíritu Santo habita en nosotros, y es para nosotros lo que fue Jesús para sus discípulos.

¿Qué hizo Jesús por sus discípulos? Les enseñó su Palabra, y el Espíritu Santo es nuestro maestro para enseñarnos las verdades de la Biblia. Jesús dio instrucciones a sus discípulos sobre la voluntad de Dios, y el Espíritu Santo nos conduce en la voluntad divina. De vez en cuando, nuestro Señor tuvo que reprender a sus discípulos y denunciar su pecado, y el Espíritu Santo, que vive en nosotros, debe convencernos de pecado cuando le hemos desobedecido. El Salvador dio a sus discípulos la capacidad que necesitaban para servir, y el Espíritu Santo nos da el poder que necesitamos para ser obreros y testigos del Señor. Es imposible tener una vida cristiana y gozosa sin el Espíritu Santo de Dios.

Hoy día me encuentro con muchos cristianos desanimados. Algunos están desencantados debido a sus circunstancias, sus problemas de uno u otro tipo. Otros se desaniman debido a un fracaso; alguien les ha fallado o sienten que ellos mismos han fallado a Dios. Muchas personas tienen que vivir con el sufrimiento y con impedimentos de uno u otro tipo, y esto siempre proporciona la ocasión de caer en el desaliento. Los obreros cristianos se decepcionan porque sienten que su trabajo es en vano, y que consiguen pocas cosas para Dios. Sí, vivimos un tiempo en que muchas personas se desmoralizan.

Pero el Espíritu Santo es nuestro animador. Sin duda que nos inducirá a que no pequemos, pero nunca nos desanimará en nuestro servicio o en nuestra vida cristiana. El Padre envió al Espíritu Santo para que fuera nuestro consolador, de modo que si estás abatido, puede que sea porque no dependes del Espíritu Santo de Dios.

¿Como nos anima el Espíritu Santo a los cristianos? De entrada, nos enseña las verdades de la Biblia. Siempre que me siento cansado y desanimado, recurro a la Biblia y pido al Espíritu que me ilumine, y Él siempre lo hace. Me muestra las promesas de la Palabra. Me revela a Dios y, cuando veo lo grande que es Dios, mis propios problemas y cargas se vuelven muy pequeños. Una de las grandes alegrías de la vida cristiana consiste en estudiar la Palabra de Dios y permitir que el Espíritu Santo nos revele a Cristo. Si lees la Biblia sin la ayuda del Espíritu, nunca recibirás ánimo. Pero si pides al Espíritu de Dios que abra tus ojos a su verdad, el Consolador te enseñará y animará.

El Espíritu Santo nos anima en otro sentido. Ora por nosotros y nos ayuda a orar conforme a la voluntad de Dios. Romanos 8:26 nos dice que el Espíritu de Dios intercede por nosotros, y que ora conforme a la voluntad divina. No le oímos orar, pero ora por nosotros, dice Pablo, "con gemidos indecibles". Tengo amigos que oran por mí, pero no pueden hacerlo constantemente. Sin embargo, el Espíritu Santo, que vive en mí, ruega por mí en todo momento, lo cual me sirve de gran aliento.

En tercer lugar, el Espíritu Santo nos concede el poder que necesitamos para vivir la vida cristiana. "Porque Dios es el que en vosotros produce así el querer como el hacer, por su buena voluntad" (Fil. 2:13). El Espíritu está ahí para concedernos el poder espiritual que necesitemos. ¿Necesitas paciencia para soportar una situación difícil? El Espíritu está ahí para dártela. ¿Necesitas ánimo para enfrentarte a un reto peligroso? El Espíritu de Dios puede darte ese coraje. Cuando lees la Palabra y te sometes al Espíritu, Él te capacitará para cumplir la voluntad de Dios, por débil e ineficaz que te sientas.

Por último, el Espíritu de Dios se lleva el temor. "Porque no nos ha dado Dios espíritu de cobardía, sino de poder, de amor y de dominio propio" (2 Ti. 1:7). La iglesia primitiva, recurriendo al poder del Espíritu, se enfrentó a un mundo malvado y hostil, y no sintió temor. Cuando el Espíritu de Dios te llena y te controla, sientes una paz interior y una confianza que aparta el temor. El miedo siempre destruye la fe; el temor siempre arrebata las fuerzas. Pero cuando tienes al Espíritu de Dios que te alienta, no hay necesidad de que tengas miedo.

El principal motivo por el que el Espíritu Santo está hoy en el mundo es para glorificar al Hijo de Dios. Jesús dijo del Espíritu Santo: "él me glorificará" (Jn. 16:14). El Espíritu de Dios no vino a glorificar a hombres, iglesias ni organizaciones; vino a glorificar a Jesucristo. Si tú y yo vivimos para la gloria de Dios, el Espíritu de Dios nos animará y nos capacitará para servir a Cristo. Pero si buscas la gloria, entristecerás al Espíritu. Es peligroso intentar controlar al Espíritu Santo y decirle lo que puede hacer en nuestras vidas. Nunca debemos temer lo que hará el Espíritu de Dios, porque Él nos ama y quiere lo mejor para nuestras vidas. El Espíritu siempre obedece la Palabra de Dios y nunca te alejará de ella.

Si te sientes desanimado y estás dispuesto a darte por vencido, toma un tiempo para examinar tu relación con el Espíritu Santo. ¿Te has entregado plenamente a Él? ¿Le entristeces debido a pecados no confesados? ¿Apagas su luz al desobedecerle voluntariamente? ¿Has descuidado tu estudio de la Biblia y la oración? Estas son las causas habituales de la derrota y el desánimo espirituales, y cuando descubrimos que algo anda mal, debemos arreglarlo.

Pero imagina que obedeces al Señor y buscas glorificar a Cristo, y aun así estás bajo la sombra del desánimo. ¿Qué pasa entonces? Sométete al Espíritu y confía en Él para que obre a su debido tiempo. Aliméntate de la Palabra de Dios. No te permitas ceder ante tus sentimientos ni juzgar las promesas de Dios fijándote en las circunstancias difíciles que te rodean. El Espíritu de Dios no está lejos de ti ni te aconseja a distancia; vive en ti y te proporciona la fuerza y la sabiduría que necesitas para tomar decisiones en esta vida. Confía en Él, espera su ayuda y descubrirás que nunca te fallará. A su debido tiempo, el Consolador satisfará tus necesidades y animará tu corazón.

22

Pequeñas cosas, grandes lecciones

A ti y a mí nos impresiona demasiado el tamaño de las cosas. Si algo es pequeño y no hace ruido, tenemos la sensación de que no es importante; pero si es grande y ruidoso, sin duda debe serlo. Pero Dios no mide la vida como lo hacemos nosotros. Las grandes cosas no siempre le impresionan. De hecho, en la Biblia hay pequeñas cosas que enseñan grandes lecciones.

Un día, el profeta Zacarías hizo un comentario interesante: "Porque los que menospreciaron el día de las pequeñeces se alegrarán" (Zac. 4:10). Intentaba estimular a la nación en un momento en que esta reconstruía el templo y pasaba por una mala temporada. Tenían un presupuesto bajo, el ánimo estaba por los suelos y daba la sensación de que aquella obra nunca se acabaría. El pueblo estaba desanimado porque todo el proyecto les parecía demasiado pequeño; no era como el templo que había existido antes.

¡Hemos de tener cuidado de no menospreciar las cosas pequeñas! A fin de cuentas, todos empezamos a vivir en este mundo siendo bebés, dependiendo totalmente de otros. Cuando Dios quiso librar a su pueblo de Egipto, no envió a un ejército; envió un bebé a una familia judía y, años más tarde, Moisés sacó a su pueblo de la esclavitud. Cuando la nación se había hundido en la derrota espiritual y política, Dios envió a un muchacho llamado Samuel que, un día, devolvió la grandeza al pueblo. Y cuando Dios quiso libertar a la humanidad del pecado, envió a otro bebé. Jesucristo se hizo niño para poder morir un día por nosotros en la cruz.

Dios usa cosas pequeñas para cumplir grandes propósitos. Usó la vara de Moisés para derrotar a los ejércitos egipcios. Usó la honda de David para vencer al gigante Goliat. Gedeón y sus trescientos soldados usaron cántaros y antorchas para masacrar al enorme ejército de los madianitas. Rahab ató un trozo de cordón rojo en su ventana, y esto salvó a su familia. Un muchacho llevó a Jesús unos pocos panes y unos peces, y Él los usó para alimentar a miles de personas. Nunca despreciemos las cosas pequeñas, porque Dios puede usarlas para hacer grandes cosas.

A lo mejor piensas que eres insignificante dentro del gran plan de Dios, pero no es así. Para Dios eres tremendamente importante, hasta el punto de que Jesús murió por ti y el Espíritu Santo vive en tu interior. Desde tu punto de vista quizá te parece que eres pequeño, pero esto es bueno, porque Dios resiste a los soberbios, pero da gracia a los humildes. Sin embargo, no permitas que tu humildad se convierta en un pecado al inducirte a pensar que no puedes hacer nada para Dios. Él puede usarte para ayudarle a hacer su voluntad en este mundo.

Dios no solo usa las cosas pequeñas, sino también los actos humildes que nos parecen insignificantes tanto a nosotros como a otros. ¿Cuántas veces has hecho algo bueno y has pensado: "Bueno, nadie se ha enterado de esto, y no sirve de mucho"? ¡Qué equivocado estás! A Dios no le pasa desapercibido ningún acto de sacrificio o de amor. Puede usar esos actos humildes de amor cristiano para hacer grandes cosas.

Por ejemplo, recuerdo lo que hizo María de Betania

por Jesús. Poco antes de que Él muriera en la cruz, Jesús y sus discípulos estaban cenando en casa de María, Marta y Lázaro. María de Betania entró en la sala con un recipiente que contenía un perfume muy caro, y lo vertió sobre los pies de Jesús como acto de adoración y de amor. Fuera de aquella casa nadie se enteró de lo que había hecho. De hecho, algunos de los que estaban dentro la criticaron por hacerlo. Pero Jesús la defendió e hizo esta afirmación tan sorprendente: "De cierto os digo que dondequiera que se predique este evangelio, en todo el mundo, también se contará lo que ésta ha hecho, para memoria de ella" (Mr. 14:9). Este acto de adoración ¡tuvo unos efectos universales!

Todo lo que hacemos por amor a Cristo tendrá poder e influencia por toda la eternidad. La viuda llevó al templo solo dos blancas, que valían menos que un penique norteamericano. Sin embargo, Jesús dijo que ella había dado más que todos los ricos juntos. Su acto de adoración ha sido una bendición para todas las personas de todo el mundo durante muchos siglos. Dios no pasa por alto ni un solo acto sincero de adoración o de servicio. Puede que los hombres desprecien tales cosas, pero Dios nos invita a hacerlas; donde se aprecia de verdad la fidelidad de una persona es en las pequeñas cosas. A muchas personas no les costaría participar en un gran evento público, pero ¿cuántas están dispuestas a servir a Dios y a adorarle en ese rincón donde nadie les ve?

¡El cristiano al que no se pueden confiar cosas pequeñas nunca se le podrán confiar cosas grandes! Jesús nos dice que si somos fieles en lo poco, también seremos fieles en lo mucho. Para Él, lo menor es lo mayor porque conduce a lo máximo. Todo esto significa que será mejor que tú y yo examinemos nuestros valores y prioridades no sea que acabemos despreciando el día de las pequeñas cosas.

Cuando Dios pregunta quién ha despreciado el día de las pequeñas cosas, no sugiere que las cosas deban seguir siendo pequeñas. La Iglesia empezó siendo un grupo de 120 personas fieles que oraban en el aposento alto y, al cabo de unas semanas, eran más de cinco mil miembros. Si los creyentes hubieran despreciado su número reducido, nunca se habrían convertido en una gran iglesia. Un día, un hombre me preguntó: "¿Qué tamaño cree usted que debería tener una iglesia?". Le contesté: "Debe ser todo lo grande que merezca ser". Dios quiere que su Iglesia crezca; sin duda quiere que sus hijos sean salvos del pecado. En Juan 15, Jesús habla de "fruto… más fruto… mucho fruto". Dijo: "En esto es glorificado mi Padre, en que llevéis mucho fruto, y seáis así mis discípulos" (Jn. 15:8).

La fidelidad en las cosas pequeñas conducirá a la bendición en las grandes. David demostró que era fiel cuidando de las ovejas de su padre, de modo que Dios le dio toda una nación a la que pastorear. David confió en Dios en privado cuando mataba leones y osos, de manera que Dios le permitió matar al gigante en público. Timoteo fue un ayudante fiel de Pablo, y un día se convirtió en su sucesor. Si somos fieles en las cosas pequeñas, Dios nos confiará cosas mayores si es su voluntad hacerlo.

Sin embargo, hay algo que debemos tener en cuenta: *no todo lo grande viene necesariamente de Dios*. Es posible que fabriquemos el éxito a nuestra manera y descubramos que Dios no está en el terremoto o en el viento fuerte. La torre de Babel fue un gran éxito hasta que Dios envió su juicio y todo se vino abajo. Quizá algunos de nosotros estamos levantando torres de Babel modernas y el juicio está a la vuelta de la esquina.

Dado que Dios usa las cosas pequeñas, *no permitas nunca que te influya la evaluación de los hombres*. Me gusta leer biografías, y me sorprende ver cómo los hombres y mujeres que tuvieron más éxito en su vida fueron ridiculizados y rechazados cuando empezaron su trabajo. Hubo predicadores que se opusieron a William Carey cuando intentó fundar una organización misionera. Muchos se rieron de Hudson Taylor cuando se atrevió a irse solo a China, sin que nadie le apoyara desde su país. Cuando D. L. Moody empezó sus pequeñas reuniones en Inglaterra, nadie soñaba que se convertirían en una fuerza tremenda con la que Dios conmovió a dos continentes, y que acabó afectando al mundo entero. La gente tiende a menospreciar lo pequeño, de modo que tengamos cuidado de no seguir las ideas de los hombres. Haz que tus valores los marque Dios.

No todas las obras serán grandes a los ojos de los hombres ni serán conocidas en todo el mundo. Pero eso no es lo importante. Lo importante es que hagamos bien nuestro trabajo, de modo que sea grande a los ojos de Dios. Cuando aquellos débiles judíos intentaban reedificar su templo, su obra tenía un aspecto pequeño y patético; pero aun así era la obra de Dios. Y un día ese templo vería al mismísimo Hijo de Dios en su atrio, sanando a los enfermos, perdonando a los pecadores y enseñando a las multitudes. No desprecies nunca el día de las pequeñas cosas. Es en esas pequeñas cosas donde Dios puede obrar y bendecir; y las cosas pequeñas nos preparan para las grandes.

No hay trabajo pequeño si es para Dios. No hay regalo pequeño si se ofrece con fe y con amor. Ningún acto de servicio es pequeño si se hace para la gloria de Cristo. No vayas por ahí comparándote con otros. Deja que sea Dios quien mida y evalúe. Él mide para la eternidad, y eso es lo realmente importante.

23

Prueba el perdón

Hace poco conversé con un hombre que estaba nervioso, enfermo y tenía problemas emocionales. Me parecía que debía visitarlo un especialista, pero él quería hablar conmigo, de modo que le escuché pacientemente. A medida que me contaba su historia, empecé a entender por qué parecía tan abatido: tenía muy buena memoria y muy poca capacidad de perdonar. Recordaba todas y cada una de las cosas desagradables que le habían dicho o hecho otros. En ocasiones, los ojos le centelleaban con ira asesina. Esto me recordó una vez más la importancia que tiene el perdón como una de las mejores medicinas espirituales del mundo.

A Mark Twain se le conoce sobre todo por sus historias humorísticas, pero cuando quería, era todo un filósofo. Una de las cosas más hermosas que dijo fue: "El perdón es la fragancia que derrama la violeta en el talón que la aplastó". El perdón no es fácil, pero sí necesario. Un espíritu que no perdona no hiere a la otra persona, sino a nosotros. Guardar rencor, cultivar la malicia hacia otra persona, negarse a perdonar, todas esas cosas envenenan al hombre interior y producen una enfermedad espiritual y emocional que ninguna medicina humana puede curar.

Me quedo asombrado al ver el gran número de personas

a las que conozco que tienen problemas porque llevan en su corazón un espíritu que no sabe perdonar. Esas personas acuden a verme con sus problemas; están inquietas, pasan de un trabajo a otro o se mudan de un apartamento a otro; no son capaces de asentarse en ninguna parte; siempre hay alguien que les hace daño; les cuesta hacer amigos. Cuando les pregunto si han perdonado a quienes les han ofendido, se me quedan mirando con expresión de asombro como si les hubiera leído la mente. Los síntomas son típicos, y tú y yo los podemos detectar en nosotros tanto como en los demás.

Cuando tienes un espíritu no perdonador, piensas que eres mejor que otras personas. Ellas cometen errores, "tú nunca lo haces". Cuando tienes un espíritu que no perdona, eres muy susceptible; te tomas como algo personal lo que dicen y hacen otros. Sospechas de sus motivos y sientes que alguien te va a perjudicar. Un espíritu no perdonador lleva a la persona a aislarse dentro de sí misma y a convertirse en espectador de la vida, no en participante. Después de todo, cuando eres mejor que otras personas y todas van por ti, ¿para qué mostrarte amistoso? Esto explica por qué, habitualmente, las personas que no saben perdonar son solitarias, críticas, nerviosas.

Pero una de las consecuencias más tristes de un espíritu no perdonador es la acumulación de la agresión interna. Muchas personas que albergan rencores y malicia están dominadas por la hostilidad. Son incapaces de tomarse a la ligera los pequeños problemas que a veces provocan otras personas; se toman todo muy en serio y convierten en montañas los granos de arena. Si alguien les empuja para entrar en el autobús, se lo toman como algo personal y declaran la guerra. Si en realidad nadie les da problemas, las personas que no perdonan son capaces de imaginarse lo que sea e inventar un problema para reaccionar.

Para perdonar tienes que ser perdonado. Cuando experimentas el perdón de Dios en tu corazón y eres consciente de que Jesús murió por ti, puedes empezar a perdonar a otros y liberar tu organismo del veneno de la malicia. Pero no puedes ser perdonado hasta que admitas que necesitas perdón, y ahí es donde radica el problema. Muy pocas personas quieren admitir que son pecadoras y que necesitan el perdón de Dios lleno de gracia. Esto explica por qué hay personas que siempre condenan a otras: piensan que si hacen que los demás queden mal, ellas quedarán en buen lugar. Y una vez creen que son así de buenas, no ven motivos para perdonar.

Recuerdo que aconsejé a una señora que era experta en encontrar fallos en otros. Sin embargo, ella no creía que en su vida necesitara nada. Hablé con ella pacientemente y, cuanto más hablábamos, más claro tenía yo que, en realidad, su actitud de juzgar a otros era una máscara tras la que se escondía. Al final le pregunté si en su vida había alguna decepción grande que la hiciera sufrir; entonces ella se vino abajo y se echó a llorar, admitiendo que sí la había. En su vida había una herida antigua que nunca había permitido que Dios sanara. Durante todos aquellos años se había infestado y envenenó su organismo. Una vez la admitió delante de sí misma, y la confesó a Dios, la herida sanó. Y una vez fue perdonada, fue capaz de perdonar a otros.

Esto es lo que quería decir Pablo cuando escribió: "Antes sed benignos unos con otros, misericordiosos, perdonándoos unos a otros, como Dios también os perdonó a vosotros en Cristo" (Ef. 4:32). Estando en la cruz, Jesús oró diciendo: "Padre, perdónalos, porque no saben lo que hacen". Como Él vertió su sangre, tú y yo podemos experimentar el perdón de la gracia divina. No podemos ganarnos su perdón de ninguna manera; es un regalo. Cuando te vuelves a Cristo con fe, confiesas tu necesidad y pides su perdón, Él te lo concede incondicionalmente. Si Él hace todo esto por nosotros, ¿no deberíamos ser capaces de perdonar a otros?

Es posible recibir el perdón de Dios, pero no experimentarlo de verdad en nuestros corazones. Sabemos que Dios nos ha salvado, pero en lo profundo de nuestra vida esa verdad no ha calado. Es una especie de transacción comercial que tiene que volverse personal. Tenemos la doctrina en nuestra mente, pero tiene que llegar a nuestro corazón. Sabemos que vamos al cielo, pero de alguna manera el cielo no ha descendido hasta nosotros y nos ha dado un espíritu perdonador para otros. ¿Qué podemos hacer al respecto? ¿Como puede una persona cultivar un espíritu perdonador y evitar así el terrible veneno de la malicia y el odio? ¡Dándose cuenta de que realmente es un pecador tremendo! Quizá no seamos culpables de los pecados evidentes que vemos en otras personas, pero puede que los hayamos cometido en nuestro corazón. Al final de su vida, Pablo se definió como el mayor de los pecadores. Cuanto más nos acercamos a la luz, más se ensucian nuestros corazones y nuestras manos. De modo que la primera sugerencia que te hago para cultivar un espíritu perdonador es pasar un tiempo cada día con el Señor, leyendo su Palabra y orando. Conócele mejor. Cuando lo hagas, te darás cuenta de lo que es realmente el pecado, y descubrirás que en tu vida hay áreas que todavía necesitan ayuda.

Y cuando tengas comunión diaria con el Señor, descubrirás lo amante y lleno de gracia que es, y lo que le costó perdonarte. Uno de los motivos por los que Jesús instituyó la Cena del Señor fue para recordarnos que murió por nosotros. No concibo que una persona pueda acercarse a la Mesa del Señor y marcharse con un espíritu que no perdona. Cuando somos conscientes del significado de la cruz, tenemos que perdonar a otros.

Veamos una tercera sugerencia: permite que el Espíritu Santo que vive en ti genere el tipo de amor que necesitas para perdonar a otros. El fruto del Espíritu es el amor. Tú y yo no podemos fabricar el perdón; es algo que Dios hace dentro de nosotros cuando nos entregamos a Él. Confiesa al Señor tu espíritu implacable; pídele que te perdone y que llene tu corazón con su amor. Luego acude a aquellos a los que has ofendido y comparte con ellos el amor y el perdón de Dios.

Mi último consejo es negativo, pero creo que es importante: sé consciente del precio tan alto que supone tener un corazón que no perdona. Hannah More escribió: "A un cristiano le resultará más barato perdonar que guardar rencor. El perdón ahorra el gasto que supone la ira, el precio del odio, el desperdicio del espíritu". ¡Qué cierto es esto! ¡Si las personas pudieran ver su hombre interior con rayos X y se dieran cuenta del perjuicio que padecen cuando albergan rencor y malicia! No hay nada que compense tener un espíritu implacable. No es tu enemigo quien sufre, sino tú.

Puede que te lleve un tiempo, pero empieza hoy mismo a cultivar un espíritu de perdón. Deja que Dios limpie tu corazón y lo llene de su amor. La próxima vez que alguien te ofenda o te haga daño, perdónale de inmediato y de corazón. Resístete a toda tendencia a devolver el golpe, ya sea externa o internamente. Pide a Dios que te dé una actitud de gracia, y trata a esa persona con amor. Descubrirás que el perdón aporta libertad y alegría, mientras que el odio genera tristeza y esclavitud. Un día tras otro, el Espíritu Santo obrará en ti y por medio de ti, y la vida adquirirá una atmósfera distinta para ti y para quienes te rodean. "Antes sed benignos unos con otros, misericordiosos, perdonándoos unos a otros, como Dios también os perdonó a vosotros en Cristo".

24

Contempla las posibilidades

Un día Jesús visitó un lugar en Jerusalén llamado Betesda, que significa "la casa de la gracia". En aquel lugar se reunían muchos enfermos, porque en determinados momentos las aguas se agitaban y, quien entrara en ellas, quedaba curado. Allí Jesús encontró a un hombre que llevaba treinta y ocho años paralítico, y le preguntó: "¿Quieres ser sano?". En lugar de responder "¡Sí, quiero!", el hombre le dijo: "No tengo quien me meta en el estanque cuando se agita el agua; y entre tanto que yo voy, otro desciende antes que yo". Antes de criticar a ese hombre, es mejor que te preguntes si hubieras cometido el mismo error que él.

Cuando Jesús apareció en el estanque de Betesda y caminó entre aquellas personas enfermas que esperaban ser sanadas, les llevó la mayor oportunidad que hubieran tenido jamás. Él era Dios, el Sanador, y para curarse nadie tenía que luchar por llegar al agua. La fe en Cristo los hubiera sanado de inmediato.

Aquel hombre que había sido paralítico durante treinta y ocho años había pasado el tiempo suficiente junto al estanque para ver cómo otros llegaban al agua y eran curados. De modo que un día tras otro, año tras año, esperaba que llegara su oportunidad. Pero, lamentablemente, cada vez que intentaba meterse en el agua no había nadie que le ayudara, de modo que siempre había alguno que llegaba antes que él. Jesús preguntó a aquel hombre: "¿Quieres ser sano?". En lugar de contestar: "¡Sí, quiero serlo!", el enfermo empezó a quejarse de su triste situación. Poco imaginaba que Aquel que podía cambiarle la vida estaba justo a su lado.

Este es el primer error que cometió el paralítico: *juzgó el presente en función del pasado*. Su argumento era lógico, excepto en un punto: no incluía a Dios. Dios no está limitado por el pasado. Da lo mismo cuántas decepciones y fracasos hayamos padecido en el pasado; cuando Jesucristo entra en escena, todo tiene que cambiar.

Entiendo bien la actitud de aquel hombre. Cuando año tras año otros te han apartado a empujones, cuando te han olvidado quienes podrían ayudarte, te desanimas y llegas a la conclusión de que nunca mejorarás. Pero esa actitud fue un error. Jesucristo, el Hijo de Dios, estaba justo al lado de aquel paralítico. Le dijo: "¡Levántate, toma tu lecho, y anda!". El hombre obedeció por fe, ¡y fue sanado!

Nada paraliza tanto nuestras vidas como la actitud de que las cosas nunca pueden cambiar. ¡Hemos de recordarnos que Dios puede cambiar las cosas! Dios puede perdonar el pecado y poner en nuestra vida nuevas fuerzas cuando parecemos unos auténticos fracasados. Dios puede enviar un avivamiento a una iglesia que todo el mundo considera que está muerta. Dios puede entrar en una circunstancia difícil y convertir un aparente fracaso en una victoria. ¡Dios marca la diferencia! Si nosotros juzgamos el presente en función del pasado, limitamos a Dios.

El segundo error del paralítico fue *ver el problema y no las oportunidades*. "No tengo quien me meta en el estanque cuando se agita el agua; y entre tanto que yo voy, otro desciende antes que yo". Pero Jesús no preguntó a aquel hombre cuáles eran sus problemas; le preguntó qué deseaba. "¿Quieres ser sano?".

Quizá sea esto lo que distingue al optimista del pesimista. El optimista ve posibilidades en los problemas, y el pesimista ve problemas en las oportunidades. Uno ve las posibilidades y el otro los obstáculos. Pero el verdadero fundamento del optimismo es la fe. Cuando incluyes a Dios en la escena, hasta los peores problemas pueden adquirir un gran potencial para bendecirte. El apóstol Pablo era un optimista espiritual. Estando en la ciudad de Éfeso, escribió a sus amigos de Corinto diciendo: "Pero estaré en Éfeso hasta Pentecostés; porque se me ha abierto puerta grande y eficaz, y muchos son los adversarios" (1 Co. 16:8-9). Seguramente tú y yo habríamos escrito: "A pesar de que en este lugar hay grandes oportunidades, ¡me voy de la ciudad porque hay demasiados problemas!".

Tanto si nos gusta como si no, el punto de vista determina el resultado. Si solo vemos los problemas, seremos derrotados; pero si vemos las posibilidades dentro de los problemas, podemos tener la victoria. Dios tomó los labios balbuceantes de Moisés y le convirtió en el mejor orador de la Biblia. Tomó el coraje mal encaminado de Pedro y su celo, y le transformó en un predicador ganador de almas. Y tomó a aquel paralítico junto al estanque de Betesda y le convirtió en un hijo de Dios dotado de un testimonio de la gloria divina. Dios puede tomar a cualquiera de nosotros, por desanimados y derrotados que estemos, y hacer con nosotros algo maravilloso para su gloria.

Un error más que cometió ese hombre cuando Jesús le habló junto al estanque de Betesda fue *ver lo que le faltaba en vez de lo que tenía*. Antes de darnos lo que necesitamos, Dios siempre parte de lo que tenemos. Tomó la vara de Moisés, la honda de David y la barca de Pedro; y también puede tomar lo que tú tengas y usarlo para transformar tu vida. ¿Qué tenía aquel hombre? Un cuerpo paralítico. Pero también tenía fe para creer que podría ser sanado si conseguía entrar en el agua a tiempo. Sin duda su fe aumentaba cada vez que veía a alguien que sanaba, y se debilitaba cuando volvían a dejarlo atrás. Pero tenía fe.

La fe es lo único que Dios exige para obrar milagros en nuestras vidas. Los grandes héroes de la Biblia no eran héroes gracias a sus talentos o a sus personalidades, sino a su fe. Si has confiado en Cristo como tu Salvador, ya tienes fe; y esta fe te ha traído el mayor milagro de todos, la salvación. Ahora, en lugar de quejarte de lo que no tienes, ¿por qué no partes de lo que tienes, tu fe en Cristo, y permites que esa fe reclame las promesas de Dios?

Muy a menudo pasamos por alto esto tan maravilloso que es la fe. Intentamos cambiar las circunstancias por medio de nuestras propias fuerzas y nuestra sabiduría, y solo conseguimos que la situación empeore. Si tan solo nos entregásemos nosotros y nuestros problemas al Señor confiando en que Él obrará, descubriríamos qué cambios tan maravillosos puede hacer. Un día le dijo a unos ciegos: "Conforme a vuestra fe os sea hecho", y los sanó. Es lo mismo que nos dice a ti y a mí.

El hombre junto al estanque de Betesda obedeció la orden de levantarse y caminar. Llevaba treinta y ocho años sin ponerse de pie y caminar, pero cuando el Señor le dio la orden, actuó por fe, y cuando obedeció por fe, el poder de Dios obró en su cuerpo y le restauró. Podría haber dicho: "¡Pero si no puedo ponerme en pie! ¡No puedo caminar!" Pero la fe nunca dice "no puedo"; la fe dice "¡Dios puede!", "¡Con Dios nada hay imposible!".

Estoy seguro de que muchas personas viven en unas circunstancias que les gustaría que cambiaran. Quizá has estado tan centrado en tus problemas que no has podido apreciar las posibilidades. Te has atascado en el pasado y no logras darte cuenta de que Dios puede cambiarlo. Jesucristo viene ahora a ti y te pregunta si quieres ser sano o no. Puedes responder con una queja o una excusa y perderte el milagro, o puedes responder con fe y experimentar el poder de Dios. Es posible que Dios no te dé una solución instantánea como hizo con aquel hombre en Betesda, pero empezará a obrar en tu vida y te conducirá al lugar de la libertad y la victoria.

25

Tres tesoros

"Y el Dios de esperanza os llene de todo gozo y paz en el creer, para que abundéis en esperanza por el poder del Espíritu Santo". Pablo escribió estas palabras en Romanos 15:13; fue una oración por sus amigos en Roma. En esta petición destacan tres palabras: esperanza, gozo y paz.

Pablo nos dice que nuestro Dios es el Dios de la esperanza. Dios quiere que miremos al futuro con esperanza y no con desespero. Siempre que los profetas del Antiguo Testamento proclamaban sus predicciones de juicio, entretejían en las nubes negras de ese juicio un revestimiento positivo de esperanza. De hecho, algunas de las promesas más grandes de esperanza en la Biblia se encuentran en medio de tenebrosos mensajes de juicio.

Tú y yo nunca debemos temer el futuro. Dios conoce el futuro y lo controla. Conoce el final desde el principio; es el Alfa y la Omega, el primero y el último. A Dios nunca le sorprende nada, y nada le resulta imprevisto. Por muy caóticas que sean las circunstancias en el mundo, Dios está sentado en el trono celestial, dirigiendo con calma los asuntos de la historia.

Dios quiere que abundemos en esperanza. Esto significa que nuestros corazones deben llenarse de su esperanza, y que debemos guiar nuestras vidas según el futuro maravilloso que Dios ha preparado para los suyos. Abundar en esperanza significa mucho más que creer las promesas de Dios; significa que esas promesas nos motiven. Supone vivir hoy a la luz de la eternidad, dejando que el futuro, no el pasado, controle nuestras vidas. ¡Qué trágico es cuando las personas permiten que las controle el pasado, los remordimientos, los fracasos y los pecados pasados! Entrega tu pasado a Cristo, deja que Él se lo lleve, y empieza a vivir basándote en la bendita esperanza que tienes en Él.

No intentes crear esperanza en tus propias fuerzas. Permite que el Espíritu Santo que vive en tu interior genere la esperanza que necesitas. Abundamos "en esperanza por el poder del Espíritu Santo". Sométete al Espíritu, deja que Él controle tu corazón y tu mente. Pasa tiempo leyendo la Palabra de Dios, y descubrirás que el Espíritu de Dios llena tu corazón con una esperanza maravillosa. Por supuesto, si no conoces a Jesucristo como tu Salvador, no tienes esperanza. Entrégate a Él y obtendrás el don de la esperanza mediante el poder del Espíritu Santo.

Sin embargo, la esperanza es solo uno de los tesoros que Dios nos da cuando confiamos en Él. También nos da gozo. "Y el Dios de esperanza os llene de todo gozo y paz en el creer...". El gozo cristiano no es lo mismo que la felicidad, aunque puede incluirla. Muy a menudo la felicidad depende de lo que suceda en nuestra vida. Si las cosas nos van bien, estamos contentos; si la situación cambia, nos entristecemos. El gozo es algo mucho más profundo. Consiste en una confianza y un bienestar internos que solo puede darnos el Espíritu Santo. He experimentado el gozo más profundo aun en medio del dolor más terrible. El gozo no es fruto de las circunstancias externas, sino el resultado de las condiciones internas.

El cristiano gozoso afronta la vida sin temor ni lamentos. Cada nuevo día supone un nuevo reto. Cada problema es una oportunidad para crecer y ver cómo Dios obra. En realidad, el gozo es el subproducto de una vida de servicio a Dios y a otros. Si empiezas a buscar el gozo, nunca lo encontrarás. Pero si te sometes a Dios y haces su voluntad, el gozo vendrá a tu corazón. El gozo añade a la vida una cualidad especial que nada más puede proporcionarle. Nuestros amigos detectan cuándo nuestros corazones rebosan de gozo, y es este tipo de gozo el que atrae a las personas a nuestro Salvador. Billy Sunday solía decir: "Si no hallas gozo en tu religión, es que en algún punto de tu cristianismo hay una fuga".

El don de la paz acompaña al del gozo. "Y el Dios de esperanza os llene de todo gozo y paz en el creer…". Esta es la paz a la que se refería Jesús cuando dijo a sus seguidores: "La paz os dejo, mi paz os doy… No se turbe vuestro corazón, ni tenga miedo" (Jn. 14:27). Ahí tenemos a Jesús, a punto de sufrir los terrores de la cruz, ¡y a pesar de ello daba paz a sus seguidores!

¡Qué experiencia más emocionante es ponerte en manos del Espíritu de Dios y dejar que llene tu corazón con estos dones! Cuando la esperanza, el gozo y la paz llenan tu corazón, puedes afrontar la vida con nuevas fuerzas y coraje, sabiendo que Cristo siempre estará a tu lado.

El futuro siempre es brillante porque Dios lo tiene en sus manos. Para el cristiano, lo mejor está por llegar. Cristo siempre reserva el mejor vino para el final. Para la persona que no es salva, lo peor está por llegar. El hombre que no es salvo vive su cielo ahora, porque se acerca la muerte y luego el juicio. Pero el cristiano nunca debe temer el futuro; su corazón está lleno de la esperanza que le da el Dios de esperanza.

Y el cristiano nunca debe preocuparse por el presente, porque su corazón está lleno de gozo. Por difícil o incómodas que sean las circunstancias presentes, Jesucristo pone gozo en nuestros corazones. Pablo escribió Filipenses, su epístola más alegre, mientras aguardaba el juicio en Roma, siendo consciente de que podían ejecutarle. Jesús habló del gozo mientras se acercaba al Calvario. "El gozo de Jehová es vuestra fuerza" (Neh. 8:10). Por muy pesadas que sean tus cargas puedes vivir un día a la vez porque estás lleno de gozo.

Y nunca debemos preocuparnos por el pasado, porque tenemos la paz que nos da Dios. Esta es "la paz de Dios, que sobrepasa todo entendimiento…". Si la paz de Dios llena nuestros corazones, ya no nos acosan los fracasos, errores, heridas o incluso los pecados del pasado. Teniendo a Cristo como nuestro Salvador, el pasado ya ha desaparecido; Dios ya no se acuerda más del pasado, ya no lo usa contra nosotros. Hemos sido perdonados total y definitivamente gracias a Jesucristo, quien murió en la cruz.

De modo que esos dones maravillosos se ocupan de nuestro pasado, nuestro presente y nuestro futuro. Tanto si miramos atrás, alrededor o delante, nunca tenemos que sentir miedo. El Dios de esperanza nos llena de todo gozo y paz en el creer, de modo que abundamos en esperanza por medio del poder del Espíritu Santo.

Aquí la palabra clave es *creer*. Cuando creemos, Dios llena. Admite ante Dios tus preocupaciones por el pasado, tu tristeza presente y tu frustración por el futuro. Tales cosas son pecados; confiésalos a Dios y permite que Él te limpie. Entonces, por fe, pídele que te llene del Espíritu Santo. No escucharás campanas que suenan, no verás destellos de luz, pero experimentarás en tu interior una esperanza, un gozo y una paz profundos: tres de los tesoros de Dios.

26

Pon gozo en tu vida

El evangelista D. L. Moody proclamaba el gozo cristiano. En cierta ocasión, dijo en una reunión: "Hay demasiadas reuniones en la Iglesia que son más tristes que un funeral. Son un obstáculo para la causa. Crean personas con rostros que tienen una expresión tan gélida como un viento del este que sopla desde el lago". (Todo el que viva en Chicago, como era el caso del Sr. Moody, ¡sabe lo que significa un viento frío que viene del lago!). Lo que dice Moody es cierto: el mayor obstáculo para que los pecadores acudan a Cristo es la actitud carente de gozo de muchos cristianos que se declaran como tales.

Existe una diferencia entre la seriedad y la solemnidad. Dios quiere que seamos serios, pero no conozco ningún caso en la Biblia en que nos mande que seamos solemnes, que tengamos caras largas y una mirada triste que proclama muerte a todos los que son felices a nuestro alrededor. Un ejecutivo misionero me dijo una vez que nunca enviaba a un misionero al mundo si el hombre o la mujer en concreto no tenía sentido del humor. Ser capaz de reírse de uno mismo, del mundo que nos rodea y poder reírnos con otros, es una señal de madurez. Una famosa actriz shakesperiana dijo en cierta ocasión: "La primera vez que te ríes de verdad de ti mismo, creces".

Normalmente, las personas que no saben reír son gente amargada y crítica, con la que es difícil convivir. El hombre que no sabe reírse de sus propios errores no perdona fácilmente los errores ajenos. Los alberga en su interior, donde se infectan como una herida abierta. En el hogar o en la iglesia nada despeja tanto el ambiente como una buena risotada saludable. No estoy hablando de una comedia absurda, sino del humor positivo, sano y santo.

Jesús quiere que tengamos gozo. Él lo tenía. Dijo a sus discípulos: "Estas cosas os he hablado, para que… vuestro gozo sea cumplido" (Jn. 15:11). Si los discípulos nunca hubieran visto sonreír o reír a Jesús, se habrían preguntado de qué clase de gozo les estaba hablando. Sí, fue el varón de dolores, pero también fue el varón del gozo. Y la única manera de tener gozo es si Jesucristo nos lo da. Puedes ir a una tienda y comprar diversión, pero no puedes comprar gozo. Jesús lo compró por ti cuando murió en tu lugar en la cruz.

Quizá el capítulo más destacado que hay en la Biblia sobre el gozo sea Lucas 15. Allí una mujer encuentra su moneda perdida y se regocija; un pastor encuentra a su oveja extraviada y se alegra, y un padre recibe de vuelta al hogar a su hijo y se goza. Todos ellos invitan a sus amigos y vecinos para que se gocen con ellos. Jesús dice que incluso los ángeles de los cielos se alegran cuando un pecador llega al hogar y es perdonado. ¡Sin duda el pecador se regocija! El primer paso hacia el gozo es recibir a Cristo como tu Salvador. Cuando lo haces, el Espíritu de Dios entra en tu vida y "el fruto del Espíritu es amor, gozo, paz…" (Gá. 5:22).

El pueblo cristiano es feliz. Dios ha perdonado sus pecados, su Padre celestial cuida de sus miembros. Tienen un hogar que les espera cuando acabe esta vida. No siempre podemos regocijarnos *por* las circunstancias, pero podemos alegrarnos *en medio de ellas*, por difíciles que sean. "Regocijaos en el Señor siempre. Otra vez digo: ¡Regocijaos!" (Fil. 4:4).

El gozo es un derecho de nacimiento para todo creyente. Saber que eres salvo, uno de los hijos de Dios, que has sido perdonado y vas al cielo es una fuente de gozo sin fin. Pero parece que algunos cristianos han perdido ese gozo. ¿Es posible? Y si lo es, ¿como pueden recuperarlo?

Una de las causas principales de la pérdida de gozo es el *pecado, la desobediencia a Dios*. Cuando David confesó sus pecados a Dios, le dijo: "vuélveme el gozo de tu salvación" (Sal. 51:12). David perdió su gozo y, durante un año o incluso más, vivió bajo la sombra oscura del desespero y el abatimiento. En el Salmo 32 nos dice que incluso padeció físicamente por no haber confesado un pecado. Se volvió como un anciano enfermo porque su conciencia le recriminaba. De modo que si has perdido tu gozo en Cristo, haz un repaso de tu vida para ver si hay algún pecado sin confesar.

Un segundo ladrón que nos puede arrebatar el gozo es *descuidar la Palabra de Dios*. Jesús dijo: "y hablo esto en el mundo, para que tengan mi gozo cumplido en sí mismos" (Jn. 17:13). El profeta Jeremías halló gozo en la Palabra de Dios. Dijo: "Fueron halladas tus palabras, y yo las comí; y tu palabra me fue por gozo y por alegría de mi corazón" (Jer. 15:16). Al principio de cada día me siento a solas con mi Biblia y la leo. Pido a Dios que me hable, y Él lo hace. Da lo mismo lo difícil que sea mi situación, Dios siempre tiene una promesa o un mandamiento que me da gozo. Si quieres aumentar tu gozo, lee la Biblia.

Un tercer ladrón que nos roba el gozo es *olvidar orar*. Jesús dijo: "pedid, y recibiréis, para que vuestro gozo sea cumplido" (Jn. 16:24). Si tú y yo dependemos de nuestros propios recursos, estaremos tristes porque nuestros recursos son débiles y limitados. Se agotan justo cuando pensamos que tenemos de sobra. Pero los recursos de Dios nunca se agotan. Dios es el dador de todo don bueno y perfecto, y sus riquezas nunca se acaban. La oración te abre camino al tesoro de Dios. "Pedid, y se os dará" (Mt. 7:7). "No tenéis lo que deseáis, porque no pedís" (Stg. 4:2). Si hay algún problema que te agobie ahora, toma tiempo para orar por él, y el gozo de Dios volverá a llenar tu corazón.

No dejes que el pecado, la falta de lectura de la Biblia y la ausencia de oración te arrebaten el gozo. Dios quiere que tengas gozo. El gozo del Señor es nuestra fuerza. El gozo lubrica la maquinaria de la vida, y hace que todo funcione con mucha más suavidad. Un cristiano gozoso es un cristiano fuerte: a Satanás le cuesta más tentar al hombre que tiene gozo en su corazón. Un cristiano feliz es un cristiano que da testimonio porque tiene algo emocionante que compartir con otros, y ellos aprecian la diferencia.

Hablemos ahora de cómo compartir tu gozo. Si en nuestro mundo actual hay dos cosas que apenas se encuentran son el amor y el gozo. La mayor parte de las personas a las que ves durante el día tienen hambre de amor y de gozo. Si tú y yo estamos llenos del Espíritu de Dios y caminamos en su poder, otros verán amor y gozo en nuestras vidas. No tendremos que fabricarlos para la ocasión; serán un fruto que crecerá y se reproducirá constantemente en nuestras vidas.

¿Como compartimos nuestro gozo? Mediante nuestra actitud. Una vez que el gozo está en nuestro corazón y desborda, ¡no podemos esconderlo! ¡No tenemos que colgarnos un cartel para decir a otros que somos felices! Lo verán en nuestras actitudes y en nuestros actos. La gente nos observa porque somos cristianos, lo cual nos da una oportunidad maravillosa para demostrarles la diferencia que Cristo ha marcado en nuestras vidas. De hecho, las personas que no son salvas pueden llegar a meternos en un problema solo para ver cómo reaccionaremos.

El cristiano gozoso también comparte su gozo haciendo su trabajo con alegría y sin quejarse. Hace todo lo posible para no contribuir a los problemas de nadie. Forma parte de la respuesta, no del problema. Evita criticar a otros, y habla la verdad con amor. El cristiano feliz comparte su gozo aceptando las cargas de la vida sin quejarse. Está dispuesto a hacer las tareas humildes que otros ignoran; y, cuando hace un trabajo importante, está dispuesto a que otros compartan el mérito.

A nuestro alrededor hay personas solitarias y amargadas, que necesitan una buena dosis de amor y de gozo cristiano. Es posible que no sean las personas más fáciles de este mundo con las que trabajar, comer o con quienes hablar, pero necesitan lo que podemos ofrecerles. Deja que Dios te lleve a ellas; pide a Dios que te ayude a comprender sus necesidades. Escucha lo que tengan que decir, aunque no estés de acuerdo con todo. Recuerda que no estás ahí para ganar en una discusión, sino para ganar un alma para Cristo. Tu actitud de amor y de gozo se adueñará pronto de su corazón, lo cual te dará la oportunidad de compartir a Cristo con tu amigo o amiga.

Cada hora de cada día ofrece un motivo para regocijarse, para empezar a cultivar una actitud de gozo. Mantén limpio tu corazón; pasa tiempo leyendo la Palabra y orando; busca maneras de hacer que la vida para otros sea más feliz y más fácil. Y cuando lo hagas, te pasará algo maravilloso: el amor y el gozo de Dios llenarán tu corazón.

27

Los recursos divinos para los problemas de la vida

El 31 de octubre de 1517, el doctor Martín Lutero clavó sus 95 tesis en la puerta de la iglesia de Wittenberg, Alemania. El resultado fue lo que los historiadores llaman la Reforma, un intento de hacer que la verdad de la salvación volviese por la fe a los corazones de las personas. Gracias a la Reforma, se produjo un regreso no solo a la doctrina bíblica sino también al canto de himnos en las iglesias. Martín Lutero era un músico experto, y usaba la música para expresar su fe y enseñar a su congregación. "Castillo fuerte es nuestro Dios" es un himno que, por encima de cualquier otro, asociamos con este gran hombre y con su obra. Basado en el Salmo 46, a través de los siglos este himno ha inducido a los cristianos a confiar en Dios por difíciles que fueran sus circunstancias.

En el Salmo 46 encontramos tres recursos divinos que nos sustentan en las dificultades de la vida. Para empezar, no tenemos que temer porque tenemos un *refugio*. "Dios es nuestro amparo y fortaleza, nuestro pronto auxilio en las tribulaciones. Por tanto, no temeremos…". No importa lo que nos suceda, siempre podemos hallar refugio en el Señor. El salmista también escribió: "Por tanto, no temeremos, aunque la tierra sea removida, y se traspasen los montes al corazón del mar". El salmista dice: "Incluso aunque se produzca un terremoto, no debo tener miedo, porque Dios es mi refugio y mi fortaleza". Ya lo ves, amigo, nada altera a Dios ni le cambia. A Dios no le afectan las convulsiones sociales ni la confusión del gobierno. Él es la roca, Él está firme y no será conmovido. Cuando tú y yo acudimos a Él en busca de refugio, está ahí para protegernos.

Pero fijémonos en que Dios es nuestro refugio *y* nuestra fortaleza. No corremos a Él para escondernos, sino en busca de ayuda. Nos oculta para poder ayudarnos, y luego nos devuelve a la batalla para que hagamos su voluntad en este mundo. Dios no nos esconde para mimarnos, sino para prepararnos. Nos fortalece para poder usarnos.

Hemos aprendido que no debemos *temer* porque tenemos un refugio; y el Salmo 46 nos dice que no debemos *desmayar* porque tenemos un río. "Del río sus corrientes alegran la ciudad de Dios, el santuario de las moradas del Altísimo. Dios está en medio de ella; no será conmovida. Dios la ayudará al clarear la mañana". Jerusalén es una gran ciudad que no está levantada cerca de un río. Las grandes ciudades egipcias estaban edificadas junto al Nilo; Babilonia, junto al Éufrates; Roma fue levantada junto al Tíber. Pero Jerusalén no tenía un río que la atravesara para proporcionarle un suministro de agua. El piadoso rey Ezequías construyó un maravilloso sistema de suministro de agua para la ciudad, haciéndola pasar a través de la roca hasta llegar a Jerusalén. Los arqueólogos lo han descubierto, y hoy día los visitantes de Jerusalén pueden recorrerlo.

El Salmo 46 no habla de un río literal, sino del suministro de poder espiritual que el Señor tiene reservado para su pueblo. En la Biblia, el agua potable es una imagen del Espíritu Santo. En Juan 7:37-39, Jesús compara el Espíritu de Dios a un río de agua viva. "Si alguno tiene sed, venga a mí y beba… El que cree en mí… de su interior correrán ríos de agua viva. Esto dijo del Espíritu…".

Por difíciles que sean los problemas de la vida, no debemos temer porque contamos con un refugio, y no debemos desmayar porque tenemos un río. Dios nos proporciona el poder espiritual que necesitamos para seguir avanzando a pesar de las dificultades. "No con ejército, ni con fuerza, sino con mi Espíritu, ha dicho Jehová de los ejércitos". "Pero recibiréis poder, cuando haya venido sobre vosotros el Espíritu Santo…". Por nosotros mismos no tenemos la fortaleza para seguir adelante, pero gracias al Espíritu Santo podemos superarlo todo. "Todo lo puedo en Cristo que me fortalece". ¿Has confiado en Cristo como tu Salvador? Si es así, ¿confías en Él para obtener la fuerza que necesitas a cada instante y cada día? "Como tus días serán tus fuerzas".

Existe un tercer recurso divino que encontramos en el Salmo 46. No debemos *inquietarnos*, porque tenemos una revelación: "Estad quietos, y conoced que yo soy Dios… Jehová de los ejércitos está con nosotros; nuestro refugio es el Dios de Jacob". ¡Qué revelación tan maravillosa! "Estad quietos, y conoced que yo soy Dios".

El problema de muchos de nosotros es que pensamos que somos Dios. Hacemos nuestros planes, tiramos de las cuerdas e intentamos manipular a las personas y las circunstancias, solo para luego descubrir que todo se viene abajo. "Estad quietos, y conoced…". ¿Conocer qué? "Que yo soy Dios". "Yo soy" es uno de los grandes nombres de Dios. Cuando Moisés dijo a Dios que le era imposible obedecerle y sacar a Israel de Egipto, Dios respondió: "Recuerda mi nombre: Yo soy". No "Me gustaría ser" o "Espero ser", ¡sino "Yo soy"! ¡Soy Dios! Y Moisés salió con el poder del nombre de Dios y derrotó a un ejército y liberó a su pueblo.

Jesús retomó ese nombre divino cuando estuvo en el mundo. "*Yo soy* el pan de vida… *Yo soy* el buen pastor…

Yo soy la luz del mundo". Jesús dice que, sea lo que sea lo que necesites, Yo soy. El nombre del hombre es "Yo no soy"; simplemente, no tenemos lo que hace falta para sobrevivir solos. Pero el nombre de Dios es Yo soy, y tenemos a nuestra disposición todos sus poderosos recursos.

Cuando yo estudiaba en el seminario, mi profesor de hebreo nos dijo que las palabras "estad quietos" significan literalmente "¡Apartad las manos!". "Apartad vuestras manos y conoced que yo soy Dios". Incluso lo podríamos traducir como "Relajaos y sabed que yo soy Dios". En otras palabras, "apartad las manos de la situación, dejad de actuar como Dios, y permitidme que yo me encargue de todo". A veces Dios tiene que esperar que lo estropeemos todo antes de tirar la toalla y dejar que Él actúe. No esperes tanto tiempo; aparta las manos ahora mismo y deja que Dios obre como desea hacerlo.

Por lo tanto, aquí tenemos tres recursos divinos maravillosos que puedes aprovechar en los momentos difíciles de la vida. No debemos temer, porque contamos con un refugio. No debemos desmayar; tenemos un río. Y no debemos inquietarnos; tenemos una revelación: "Estad quietos, y conoced que yo soy Dios". "Castillo fuerte es nuestro Dios, ¡defensa y buen escudo!".

28

La verdadera riqueza

El difunto J. Paul Getty tenía fama de ser el hombre más rico del mundo. En cierta ocasión se lamentó a un reportero periodístico de que la inflación le estaba perjudicando, ¡y que un millón de dólares ya no era lo que fue en otro tiempo! Seguramente tú y yo no sabríamos qué hacer con un millón de dólares, y dudo que esa cantidad de dinero hiciera que un cristiano fuese más feliz o más santo. Como conocemos a Jesucristo como nuestro Salvador, somos las personas más ricas del mundo. Efesios 1:3 nos informa de que los cristianos hemos sido bendecidos... "con toda bendición espiritual en los lugares celestiales en Cristo".

Cuando Pablo escribió esta epístola a los creyentes efesios, se dirigía a personas que sabían bastante de riqueza. Éfeso era una ciudad rica. Poseía una de las siete maravillas del mundo antiguo, el gran templo de Diana; y el propio templo era un banco donde los ciudadanos depositaban sus riquezas. Cada año acudían a la ciudad miles de turistas para ver el templo de Diana y, por supuesto, la venta de recuerdos era un gran negocio.

Sin embargo, en Éfeso había algunas personas increíblemente ricas. No poseían grandes cantidades de oro o de plata escondidas. Tenían algo mucho mejor que eso:

¡tenían una riqueza ilimitada que nadie les podría arrebatar nunca! Pablo mencionó esta riqueza al principio de su carta a los efesios: "Bendito sea el Dios y Padre de nuestro Señor Jesucristo, que nos bendijo con toda bendición espiritual en los lugares celestiales en Cristo".

Si conoces a Cristo como tu Salvador, esta riqueza te pertenece. No la has ganado ni la mereces. La riqueza es tuya solamente por la gracia de Dios revelada en Jesucristo. Pablo lo expresó de otro modo en su segunda carta a la iglesia de Corinto: "Porque ya conocéis la gracia de nuestro Señor Jesucristo, que por amor a vosotros se hizo pobre, siendo rico, para que vosotros con su pobreza fueseis enriquecidos". ¿Qué tipo de riqueza es esta? A menos que podamos responder a esta pregunta, ¡nuestra riqueza no nos servirá de nada! Quizá la mejor manera de comprender esta riqueza es contrastándola con el tipo de riqueza que Dios dio a Israel cuando el pueblo entró en la Tierra Prometida.

Para empezar, *la riqueza de Israel era material; la nuestra es espiritual.* Dios les prometió una tierra que fluía leche y miel, una tierra con metales preciosos *bajo* el suelo y con maravillosas cosechas *sobre* ese mismo suelo. Dios les prometió cosechas abundantes y crecientes rebaños de ovejas y de vacas. Les prometió lluvia cuando la necesitaran, e incluso les dijo que no padecerían las enfermedades que vieron en la tierra de Egipto. Sin duda, Dios concedió a Israel tremendas riquezas.

En el Nuevo Testamento no hay un solo pasaje donde Dios prometa que los cristianos serán ricos y vivirán bien en este mundo. El propio Jesús fue pobre, como lo fueron los discípulos. Pablo se describía como "[pobre], mas enriqueciendo a muchos". Pedro confesó: "No tengo plata ni oro".

Hoy día en algunos lugares se imparte una enseñanza que identifica la riqueza material con la espiritualidad y con la bendición de Dios. Dicen que si realmente eres un cristiano comprometido, viajarás en primera clase, tendrás un salario elevado, una casa preciosa y no padecerás enfermedades, no tendrás preocupaciones ni facturas pendientes. Por lo que respecta a los cristianos del Nuevo Testamento, en mi Biblia no encuentro semejante enseñanza.

Nuestra riqueza es espiritual. Tenemos "toda bendición espiritual". Estas bendiciones significan mucho más que las cosas materiales de la vida. Dios ha prometido satisfacer todas nuestras necesidades, y nos ha dado todas las bendiciones espirituales necesarias para vivir para Él y para glorificar su nombre. No midamos la vida o la estatura espiritual según las posesiones materiales. Preguntémonos cuántas bendiciones del Espíritu realmente disfrutamos e invertimos en nuestras vidas.

Existe un segundo contraste entre las bendiciones que dio Dios a Israel y las bendiciones que disfrutamos como creyentes en Jesucristo: *sus bendiciones eran terrenales, mientras que las nuestras son celestiales*. Dios prometió bendecir sus cosechas, sus rebaños de ovejas y de vacas, sus familias, sus ejércitos e incluso las lluvias que les enviara. Les prometió "días de los cielos sobre la tierra", y verse libres de hambrunas, enfermedades y problemas. Todas estas son bendiciones que están relacionadas con este mundo y con las cosas materiales que hay en él.

Pero las bendiciones que tenemos en Cristo se encuentran "en los lugares celestiales". Ahora mismo, Jesucristo está sentado en el cielo. Según Efesios 2:6, tú y yo, como creyentes, estamos sentados con Él y en Él. Quizá estemos físicamente en este mundo, pero espiritualmente estamos en los lugares celestiales con Cristo.

Permíteme que ilustre esto de una forma sencilla. ¿Has estado enamorado alguna vez? ¿O has conocido a alguien que lo haya estado? Cuando una persona está enamorada, todo lo que dice y hace tiene relación con la persona a la que ama. Da lo mismo dónde se encuentre físicamente: su corazón y su mente están con la persona amada, y esto contribuye a controlar su vida.

Tú y yo estamos en los lugares celestiales, lo cual significa que nuestra vida en la tierra debe estar controlada desde el cielo. Estamos por encima del mundo. ¡Estamos sentados con Cristo en el trono del universo! ¡Qué privilegio y qué responsabilidad! Esto es lo que escribe Pablo: "Si, pues, habéis resucitado con Cristo, buscad las cosas de arriba, donde está Cristo sentado a la diestra de Dios. Poned la mira en las cosas de arriba, no en las de la tierra" (Col. 3:1-2). Nuestra riqueza está en los lugares celestiales, y nuestro corazón y nuestra mente deberían estar también allí.

Existe un tercer contraste entre nuestra riqueza y la riqueza que Dios concedió a Israel en su territorio. *Nuestra riqueza es permanente y gratuita, no temporal y condicional.* Los judíos serían bendecidos en su tierra mientras obedeciesen a Dios. Pero si le desobedecían, Dios podía hacer que dejara de llover, se secaran los ríos, se perdieran las cosechas y el territorio se sumiera en una catástrofe física y económica. Cuando lees el Antiguo Testamento, encuentras determinados momentos en los que el Señor disciplinó a su pueblo permitiendo hambrunas y pestilencias, e incluso guerras. Las bendiciones de los israelitas eran temporales y condicionales.

Pero nuestras bendiciones espirituales en Cristo son permanentes y gratuitas. ¡No tienen condiciones! Nuestras bendiciones se fundamentan en la gracia, no en la ley. Cuando fuiste salvado, Dios te bendijo con todas las bendiciones del Espíritu que necesitas para disfrutar de una vida plena y para glorificar su nombre. Estamos completos en Cristo; no hace falta añadir nada, ni nadie podrá arrebatar nada.

No obstante, el *disfrute* de estas bendiciones es condicional: debemos someternos al Señor, confiar en Él y, por fe, aprovechar esa inmensa riqueza espiritual. Un cristiano desobediente es como el hijo pródigo: tiene mucha riqueza y satisfacción cuando está con su padre en el hogar, ¡pero no puede disfrutarlas en el corral de los cerdos! Dios nunca nos quitará nuestras bendiciones en Cristo, pero nosotros, debido a nuestra incredulidad o a nuestra desobediencia, podemos privarnos del disfrute de esas bendiciones.

Cuando naciste de nuevo por medio de la fe en Cristo, naciste rico. Si tú y yo nos centramos en las bendiciones espirituales, puedes estar seguro de que Dios se ocupará por nosotros de las bendiciones y de las misericordias materiales. Lee la Biblia y descubre lo rico que eres en Cristo. Luego, arrodíllate para orar y pide a Dios que te ayude a apropiarte por fe de esas bendiciones. ¡No hay necesidad de vivir como un mendigo cuando puedes hacerlo como un rey!

29

Dame este monte

Todos los países tienen sus héroes olvidados, y esto sucedía también en la historia del Antiguo Testamento. Pensamos en seguida en hombres como Abraham, Isaac, Jacob, José, Moisés o David. Pero ¿cuántas veces oímos hablar de alguien llamado Caleb? Cuando Caleb tenía 85 años, se acercó a Josué para reclamar su herencia en la Tierra Prometida. Le dijo: "Dame, pues, ahora este monte". ¡Qué ejemplo es para nosotros Caleb en el día de hoy!

Cuando el pueblo de Israel se aproximaba a la Tierra Prometida, Moisés envió a doce espías para reconocer el terreno. Los hombres volvieron con un informe favorable sobre las riquezas del territorio, e incluso trajeron muestras de sus frutos. Trajeron racimos de uvas tan grandes que tenían que llevarlos entre dos hombres. Pero, por triste que sea, diez de los doce hombres no tenían fe en absoluto en que Dios fuera a entregarles el territorio. Solo veían las ciudades amuralladas y a los gigantes que vivían en ellas. Sin embargo, dos de los espías, Josué y Caleb, intentaron convencer al pueblo de que Dios podía darles la victoria. Por desgracia, prevaleció la mayoría, y el pueblo se volvió al desierto. Estuvieron errando durante cuarenta años, hasta que murieron todos los miembros de aquella generación incrédula... excepto Moisés, Josué y Caleb.

Dios condujo a su pueblo a la Tierra Prometida. Josué los llevó al otro lado del río Jordán y los metió en el territorio, y obtuvieron una victoria tras otra. Luego llegó el momento de que el pueblo reclamara su parte de la herencia, y fue entonces cuando Caleb dijo: "Dame, pues, ahora ese monte". Caleb no pidió un lugar fácil, sino uno complicado. La Biblia nos dice que aquel monte estaba habitado por una raza de gigantes que vivían en ciudades amuralladas; pero esos obstáculos no detuvieron a Caleb. Pidió el monte y, por la fe en Dios, reclamó esa montaña y la entregó a su familia por las generaciones venideras.

¿Cuáles son algunas de las lecciones que aprendemos de este héroe olvidado, Caleb? De entrada, descubrimos que *las derrotas de otros no tienen por qué convertirnos en perdedores*. Debido a la incredulidad de los diez espías y del resto de Israel, Caleb tuvo que dar vueltas por el desierto durante cuarenta años, cuando podría haber disfrutado de su herencia. Pero Caleb no cedió tan solo porque la mayoría se equivocara. Caleb siguió confiando en Dios, sabiendo que un día reclamaría su herencia.

Quizá estés padeciendo debido a los errores o los pecados de otros. Fíjate en Caleb y aprende lo importante que es confiar en Dios a pesar de lo que hagan otros. Como Caleb, podemos permitirnos esperar, sabiendo que un día Dios honrará nuestra fe y nos dará nuestra herencia. Puede que el cuerpo de Caleb estuviera en el desierto, pero su corazón estaba en la Tierra Prometida. ¿No es así como deberían vivir los cristianos? Nuestra ciudadanía está en el cielo; nuestros corazones deberían estar allí. Sigue confiando en el Señor; tu herencia está segura en Él.

Cuanto más pienso en Caleb, ese poderoso héroe del Antiguo Testamento, más le aprecio. Sin duda era un hombre de fe: aunque el resto de la nación no confió en Dios,

Caleb creyó lo que Él decía, y estuvo seguro de que un día recibiría la recompensa prometida. Pero hay una segunda lección que nos enseña: *la edad no es obstáculo para lograr conquistas para el Señor.* ¡Ahí tenemos a un hombre de 85 años! ¡Y pide un monte! Y no cualquier monte, sino un monte controlado por una tribu de guerreros grandes y poderosos. Los 85 años es una buena edad para asentarse en algún valle cómodo, pero Caleb pidió un monte.

Si se van acumulando los años y piensas que ya has acabado tu obra, aparta de tu mente esta idea. Para Caleb esos años no fueron de decadencia: ¡fueron años de ascender aún más! ¡Quería vivir en el monte! ¡Qué importante es tener una actitud optimista y entusiasta frente a la vida! Caleb no dijo que ya habían pasado sus mejores años; dijo que sus mejores años estaban por venir.

Es cierto que Caleb aún gozaba de buena salud, y eso es muy importante. Pero las fuerzas de Caleb procedían de su fe en Dios. Sabía que Dios podía vencer a todos los enemigos y concederle su herencia. "Y ésta es la victoria que ha vencido al mundo, nuestra fe" (1 Jn. 5:4). Lamentarse supone pecar; preocuparse es pecado; pero confiar en Dios para el futuro y reclamar su herencia supone entrar en una vida de gozo y de satisfacción.

No sé a qué montes te enfrentas ahora mismo. Quizá se levanta ante ti la montaña de las deudas, por servicios médicos o por cualquier otro asunto. Quizá sea la montaña del sufrimiento, o a lo mejor tienes que entrar al quirófano. No consideres que ese monte es un enemigo al que evitar; considéralo una herencia que reclamar. Pide a Dios que te dé ese monte, y confía en que Él te conducirá a la victoria.

Caleb es un hombre que nos enseña *a mirar adelante, no atrás.* Cuando al final el pueblo de Israel entró en la Tierra Prometida, Caleb podría haberse sentado a quejarse. Podría haber recordado a los líderes que él se había contado entre la minoría, que había votado por entrar en la tierra, y que tenía razón. Podría haber repasado aquellos cuarenta años de nomadismo inútil y haberse quejado de ellos. ¡Pero no lo hizo! En lugar de mirar atrás, Caleb miró al frente y reclamó la montaña.

Mirar atrás tiene un valor. Moisés dijo al pueblo que recordara el camino por el que les había llevado Dios, advirtiéndoles que no olvidaran lo que Dios había hecho por ellos. Durante la Cena del Señor miramos atrás para recordar a Cristo y su muerte por nosotros en la cruz. Pero también miramos adelante, al momento en que Cristo vuelva a buscar a su pueblo. No, mirar atrás por sí solo no es pecado. Pero cuando mirar atrás nos impide mirar hacia delante, entonces desobedecemos a Dios.

Caleb no miró atrás. Miró al futuro y confió en Dios para que le ofreciera un futuro victorioso. El lema de Caleb fue: "¡Lo mejor está por venir!". ¿Y no es este el lema de todo cristiano victorioso? Siempre hay nuevas bendiciones que recibir, nuevas lecciones que aprender, nuevas victorias que lograr. Nuestra vida sería terriblemente aburrida si Dios no introdujese de vez en cuando nuevos desafíos en ella.

Lo hermoso de la victoria de Caleb es que pudo dejar a su familia aquel monte como herencia. Sus hijos y sus nietos disfrutaron de esa montaña en los años posteriores. Las decisiones que tomamos en la vida afectan a otras personas. Si huimos de los retos de la vida, perdemos la posibilidad de dejar esa herencia a otros. Pero si, como hizo Caleb, nos enfrentamos honestamente a los retos reclamándolos por fe, enriquecemos nuestra herencia, y esto supone bendición para otros.

Cuando pienso en Caleb, me viene a la mente Jesucristo. Un día se enfrentó a un monte llamado Calvario. Fue en el Calvario donde Jesús moriría por los pecados del mundo, reclamando así la mayor herencia de toda la historia. Allí haría posible que los pecadores se convirtiesen en hijos de Dios y entraran en el cielo. Dejaría a sus espaldas una herencia magnífica para nosotros. El apóstol Pedro nos dice que esa herencia es "incorruptible, incontaminada e inmarcesible" (1 P. 1:4). Para obtener su herencia, Caleb tuvo que librar muchas batallas contra los gigantes. Jesús libró una batalla en el Calvario, y entregó su vida para garantizar la victoria; y ahora reina como Rey de reyes y Señor de señores, y nosotros reinamos con Él cuando nos ponemos en sus manos.

Si quieres reclamar tu monte, empieza entregándote a Cristo. Solo Él puede darte la fe y el coraje necesarios para enfrentarte a la vida y vencer al enemigo.

30

El contentamiento... ¿dónde está?

¿Te molestan tus circunstancias? ¿Te encuentras en ese punto de tu vida en que desearías que nada cambiara y, sin embargo, todo cambia? ¿Tienes que adaptarte a nuevos entornos o a nuevas personas? Entonces Pablo tiene un buen consejo para ti: "pues he aprendido a contentarme, cualquiera que sea mi situación" (Fil. 4:11).

Es un gran error edificar tu felicidad sobre las circunstancias o los bienes materiales, porque las circunstancias cambian y los bienes acaban desgastándose o perdiendo su valor. La verdadera paz interior no se puede fundamentar en cosas externas que cambian. Necesitamos algo más profundo y más satisfactorio.

Sin embargo, la mayoría de personas basa su felicidad sobre las cosas transitorias y externas de este mundo. Y, por este motivo, nunca son felices de verdad. Hace poco conversé con una señora que no paraba de decir: "¡Oh, daría lo que fuera por que mi marido volviera conmigo!". Tanto ella como yo sabemos que su marido no volverá a su lado, y ella también sabe que es absurdo fundamentar su vida en un sueño.

El verdadero contentamiento debe venir del interior. Tú y yo no podemos cambiar o controlar el mundo *a nuestro alrededor*, pero sí podemos cambiar y controlar el mundo *interior*. Se ha dicho a menudo que lo que la vida *nos hace* depende de lo que la vida encuentre *en nosotros*. Esto explica el gran testimonio de Pablo: "pues he aprendido a contentarme, cualquiera que sea mi situación".

La palabra *contentarse* no significa "alegrarse". ¡Pablo era cualquier cosa menos complaciente! Sentía la carga de las almas perdidas y llevó el evangelio de una ciudad a otra, independientemente de los peligros y de la persecución. El contentamiento tampoco es una actitud soñadora ni unos sentimientos difusos que te elevan sobre el mundo y te vuelven inmune a los problemas y a las pruebas. Algunas personas siempre buscan nuevas maneras de inmunizarse contra las heridas de la vida o protegerse de los baches y las cicatrices que hay en ella. Esto no es contentamiento.

En realidad, el verbo que usa Pablo se puede traducir mejor como "contenerse". Transmite la idea de autosuficiencia. En otras palabras, Pablo dice: "No dependo de las cosas externas, porque en mi interior llevo mi propia suficiencia". Esta suficiencia interna, claro está, es el poder de Jesucristo en la vida de Pablo, porque luego sigue diciendo: "todo lo puedo en Cristo que me fortalece".

Por lo tanto, el contentamiento es *contención*: disponer de los recursos espirituales internos para afrontar la vida con valor y gestionarla con éxito. El contentamiento es la suficiencia divina. El contentamiento supone tener un pozo artesiano espiritual en el interior, de modo que no tienes que recurrir a toda prisa a las cisternas rotas del mundo para obtener lo que necesitas. El poder de Cristo en el hombre interior es todo lo que necesitamos para las exigencias de la vida. Los recursos externos, como los amigos, los consejeros y el ánimo de otros, solo son útiles porque refuerzan los recursos que tenemos dentro.

Si alguien te quitara todos los apoyos y muletas que tienes en tu vida, ¿te mantendrías en pie? ¿Tienes esa suficiencia divina en tu interior? Puedes tenerla si estás dispuesto a que sea Dios quien dirija tu vida.

¿Como llegó Pablo a ese grado tan alto de experiencia cristiana? Él nos dice que "he *aprendido…*". No era un don natural que acompañó de forma natural a su salvación. Fue algo que Pablo aprendió, y el verbo significa "aprender por experiencia".

Es en este punto donde tú y yo caemos habitualmente. Queremos recibir el contentamiento interno y la suficiencia espiritual de inmediato, leyendo un libro, haciendo una oración o quizá escuchando un sermón, pero no es así como nos volvemos aptos en el hombre interior. Aprendemos por experiencia. Esto quiere decir que hemos de pasar por problemas y pruebas, dificultades y sacrificios, y debemos enfrentarnos a retos en nuestras vidas. Si todo sigue igual, moriremos por el *status quo*. La vida se convertirá en un ataúd cómodo; pero ¿quién quiere ser un cadáver satisfecho?

La resistencia al cambio es una de las causas principales de descontento y de ansiedad. Queremos que nuestro ser, nuestros hijos y nuestras vidas sigan como están. Nos oponemos al cambio y, al hacerlo, nos privamos del contentamiento que puede darnos Dios si nos entregamos en sus manos. Mi amiga viuda lleva años rebelándose contra la dolorosa realidad de que su esposo murió. Su rebelión no se lo devolverá, pero la protege de la necesidad de aceptar los cambios de su vida. Sus ensoñaciones son cojines que la libran de que la realidad le haga daño. Pero también son sustitutos que le impiden crecer.

No hay crecimiento sin desafío, y no hay desafío sin cambio. Si nuestras vidas se aíslan y se sobreprotegen, nunca nos enfrentaremos a verdaderos retos, pero esto significa que no tendremos oportunidades para madurar. Para las personas maduras la vida es un campo de batalla, pero están dispuestas a enfrentarse a esas batallas y, por la fe, obtener la victoria. Para las personas inmaduras, la vida es un patio de juegos, y quieren evitar las batallas, pero esto significa que nunca experimentarán el gozo de obtener victorias y crecer en el Señor.

Si quieres saber qué tipo de lecciones aprendió y qué exámenes pasó Pablo en la escuela de la vida, ¡lee 2 Corintios 11 y 12! "En azotes sin número; en cárceles más; en peligros de muerte muchas veces… Tres veces he sido azotado con varas; una vez apedreado; tres veces he padecido naufragio; una noche y un día he estado como náufrago en alta mar…". Y añadamos a estos los peligros que soportó en sus numerosos viajes, la oposición del enemigo y la carga que suponía cuidar de todas las iglesias, y veremos que la vida no fue amable con Pablo. Sirvió "en trabajo y fatiga, en muchos desvelos, en hambre y sed… en frío y en desnudez…".

¿Se sentó Pablo para lamentarse por sí mismo? ¡No! ¿Renunció a su llamamiento y buscó un lugar donde esconderse? ¡No! En lugar de renunciar, Pablo *miró hacia arriba* y pidió a Dios la gracia que necesitaba para vivir para Cristo y cumplir la voluntad de Dios. Dios dijo: "Bástate mi gracia". Pablo descubrió los recursos interiores del Espíritu Santo, los mismos que tú y yo debemos descubrir si hemos de contentarnos. Pablo aprendió mediante las experiencias difíciles cómo ser un hombre autosuficiente, cómo llevar en su interior todos los recursos que necesitaba para vivir para Cristo.

Esas dificultades con las que luchas, y de las que te quejas, pueden ser precisamente los instrumentos que Dios quiere utilizar para darte paz y suficiencia interiores. Deja de luchar, entrégate a Cristo, y también tú descubrirás cómo contentarte.

Siempre que leo la epístola de Pablo a los Filipenses, tengo que recordarme que la escribió estando en una cárcel romana. Pablo era un prisionero en Roma, encadenado veinticuatro horas al día a un soldado romano, y esperando su posible ejecución. Sin embargo, esta carta está saturada de gozo. En esta epístola breve, Pablo usa dieciocho veces las palabras *gozo* o *regocijarse*. Pablo sabía que el verdadero gozo no procede de las circunstancias externas cómodas, sino de la suficiencia espiritual interna. Tanto si Pablo estaba en una celda como en un palacio, tanto si estaba rodeado de amigos como de enemigos, poseía una suficiencia interna que Cristo le daba y que le hacía superar sus problemas.

¿Como se revela este contentamiento interior? Para empezar, tenemos una paz que nos impide desmoronarnos y hacer cosas impulsivamente. Tenemos una paciencia que nos sustenta cuando todo a nuestro alrededor parece venirse abajo. Existe una paz y una actitud interior que nos hacen dueños de la situación, vencedores y no víctimas. Podemos mirar a las circunstancias a los ojos, afrontarlas honestamente, y gestionarlas con inteligencia y con valor.

Lee Hechos 27 y fíjate en la suficiencia que tuvo Pablo cuando estaba a bordo de un barco atrapado en una tormenta. Pablo subió al barco como prisionero, pero al cabo de poco tiempo ¡era el capitán de la nave! Cuando otros habían abandonado, Pablo anunció que Dios salvaría sus vidas. Pudo decir: "Por tanto, oh varones, tened buen ánimo; porque yo confío en Dios...". Pablo había aprendido por experiencia propia cómo ser suficiente, por medio de Cristo, en medio de todas las circunstancias de la vida.

Este secreto no está reservado solo a los apóstoles; es para todo cristiano que lo reclame. Escucha de nuevo el testimonio inspirado de Pablo: "Sé vivir humildemente, y sé tener abundancia; en todo y por todo estoy enseñado... Todo lo puedo en Cristo que me fortalece".

Warren W. Wiersbe fue pastor de The Moody Church y es autor o editor de más de 160 libros, incluyendo *Llamados a ser siervos de Dios* y la *Biblia de estudio: Vidas transformadas*. Actualmente, su principal ministerio consiste en servir a otros mediante la escritura y la consejería. Vive en Nebraska.

La nueva *Biblia de estudio: Vidas transformadas* habla directamente al deseo de renovación de tu corazón. Esta excelente herramienta de estudio de las Escrituras incluye el texto de la Biblia Reina-Valera, revisión de 1960, con comentarios de la pluma del doctor Warren Wiersbe. Estos comentarios servirán de aguijón para transformar tu vida.

En este libro, el reconocido pastor y expositor de la Biblia Warren W. Wiersbe lidia bíblicamente con temas que son relevantes para el liderazgo cristiano, incluyendo:

- obediencia
- carácter
- madurez
- capacidad
- autoridad de Dios
- aprovechar las oportunidades
- imágenes bíblicas del liderazgo
- medición de la gestión
- ser un líder en oposición a ser un jefe
- gestión del cambio
- dirección de la organización
- visión

Tanto si usted desempeña posiciones de liderazgo dentro o fuera de la iglesia, como si es un pastor o diácono, encontrará que este libro le cautiva y transforma.

En *Llamados a ser siervos a Dios* el autor nos explica, en su estilo afectuoso y familiar, qué hacer y cómo evaluar lo que estamos haciendo cuando buscamos servir a Dios, un servicio que él llama "la tarea más importante del mundo". Este libro es para todos los siervos de Dios: los pastores, los predicadores y los creyentes en general.

E D I T O R I A L
PORTAVOZ

NUESTRA VISIÓN

Maximizar el efecto de recursos cristianos de calidad que transforman vidas.

NUESTRA MISIÓN

Desarrollar y distribuir productos de calidad —con integridad y excelencia—, desde una perspectiva bíblica y confiable, que animen a las personas a conocer y servir a Jesucristo.

NUESTROS VALORES

Nuestros valores se encuentran fundamentados en la Biblia, fuente de toda verdad para hoy y para siempre. Nosotros ponemos en práctica estas verdades bíblicas como fundamento para las decisiones, normas y productos de nuestra compañía.

Valoramos la excelencia y la calidad
Valoramos la integridad y la confianza
Valoramos el mérito y la dignidad de los individuos
   y las relaciones
Valoramos el servicio
Valoramos la administración de los recursos

Para más información acerca de nuestra editorial y los productos que publicamos visite nuestra página en la red: www.portavoz.com